U0559551

学习方法决定学习成绩丛书

名师点金

陆震谷 张鲁川◎主编

化学
可以这样学

庄 璟 姚秋平 林凤春◎著

上海故事会文化传媒有限公司　上海文化出版社

名校长论学习方法

舍小安逸,求大自在。小安逸只能诱小志者,大自在定能励远行人。

经纬有序而匹成,知识有序而学成。

李白传有《静夜思》,学生也有"静夜思"。静味动之趣,夜理昼之事,思求志之远。此是好学生"三字经"。

学如登阶,宜步步踩实;思如博弈,宜步步出奇。

——上海市七宝中学原校长　上海市文来中学原校长　仇忠海

玩要痛快,学要专心。痛快即尽兴,专心则神聚,神聚才有效。古人有读书"三到说"(朱熹:心到,眼到,口到),关键在"心到"。又有"习业当凝神仁思"(明·徐媛),也是说学业要聚精会神,深入思考。学习要讲方法,方法当,效益高。而运用方法的前提则为凝神心到。学要专心,方法当合适就有效,则玩也可更尽兴,人也有发展了。

——上海市大同中学原校长　杨明华

"温故而知新，可以为师矣。"复习是学习过程中至关重要的一环。每天应对新学的知识加以整理和温习，找到不懂的地方及时向老师和同学请教，避免问题的积累。一段时间后则应对知识系统地整理，文科应关注素材的积累，同时要把所学的社会科学理论与当前热点结合起来理解；理科则应注重方法的归纳，找到一类问题的通解通法。这样举一反三，才能收到事半功倍的效果。

——上海市位育中学原校长　任博生

学习方法好比劳作的精良工具，跋山涉水的蹊隧和舟桥，它的重要性是每一位学习者都知晓的。我们会说学习方法无处不在，但是要掌握科学、正确、行之有效的学习方法却非易事。学习方法的寻找、比较，在学习中渐渐被有效运用的过程，实际上是一种思考分析的过程，是一种认知逐渐成熟的过程，是一种在学习实践过程中不懈探索求证的过程，同时也是一种身心感悟的过程。由此可见，努力寻求、掌握、更新学习方法，不仅可以提高学习活动的效益，让你的成绩更理想，而且可以提升你的思想能力，丰富你的情感体验，让你更加聪慧，助你走向成功！

——上海市交通大学附属中学原校长　徐向东

《论语》卷首第一句就是："子曰：学而时习之，不亦乐乎？"孔子自己好学，还不忘记告诉我们一个重要的学习方法："学"的过程中要有"习"的环节，通过不断温习、练习……进而达到深入理解和巩固所学的效果，这样就会从学习过程中感到身心愉悦，因而乐此不疲了。如果倒着词序去读《论语》的这句话，也很有意思：求学的心智应该喜悦快乐，视探知进学为乐事，保持一份好情绪，就会自觉地时时去操习演算，学习的任务不就完成了吗？

学习的方法和技巧就在你的发现之中。

——上海市南洋模范中学原校长　高屹

当今社会发展异常迅速，人们要适应就要不断学习。学习是要讲方法的，掌握好的学习方法，学什么会什么，做什么成什么。

学生进入学习阶段会逐步形成自己的学习方法，不同的学习方法，学习的效率不同。所以要取长补短，努力改进，掌握高效的学习方法。

一个掌握了良好学习方法的人，一定会终身学习，终身发展。他的良好学习方法使他受用一生。

——上海市南洋中学原校长　王以权

序

让更多学生掌握科学有效的学习方法

陈 寅

（上海财经大学附属北郊高级中学副校长，正高级教师，化学特级教师）

初三，是学生学习化学的启蒙年龄，他们正张大好奇的眼睛，学着从化学的视角认识物质世界。

化学作为一门古老而又充满活力的学科，为人们在微观层面上研究物质的组成、结构、性质、转化及应用提供了可能。教师应起引领、维持和强化的作用，指向化学学科核心素养的学习，通过学生开展深度学习，使学生的学习活动真正成为自主建构的学习过程。教育不应是流水线式的输送知识，而是发展学生的学习能力，培养其必要的学习品质与学习习惯，其核心就是学习策略的获取和应用。

现在基础教育改革的趋势是改变学生的学习方式，从教师"教"为中心转变为以学生"学"为中心的"自主学习""合作学习""探究学习"，更多地关注学生的可持续发展。探究未知的好奇心是学生学习兴趣的最大源泉，掌握科学的学习方法是优秀学习者必备的学习品质。

基于上述这些认识，本书的三位作者撰写了《名师点金：化学可以这样学》一书，他们三位是徐汇区初中化学教育教学改革的领跑者，书中从"魅力无穷的化学""给你一个轻松学好化学的支点""从化学视角认识物质的方法""掌握解决化学问题的金钥匙"等四个部分向读者介绍了学好

化学的具体方法,细读之后可以发现该书有五个特点:

一是针对性强,从长期的教学实践中提炼;

二是实用性强,有效地解决化学学习中的疑难问题;

三是突出"授之以渔"的方法,实用易懂;

四是锻炼学生的思维,提高学生解决问题的能力;

五是引导学生养成良好的学习习惯。

相信读者朋友一定会从中受益,同时也衷心希望有更多的教师心系学生、总结经验、笔耕不辍,为学生提供更多行之有效的学习方法,发挥更大的引领作用。

诚然,学习方法的研究是一个常研常新的课题,本书旨在抛砖引玉,引发大家对这一问题的进一步思考与探索,我们将永不懈怠,执着追求,期待取得更加丰富而有价值的成效。

2020 年 7 月

前言
怎样学好化学

庄　璟

达尔文说过"最有价值的知识就是关于方法的知识"。我们这本《名师点金:化学可以这样学》就是打开学习化学的钥匙,作为《学习方法决定学习成绩丛书》的一部分,向正在学习化学的中学生朋友们介绍行之有效的化学学习方法。

同学们一定想问,化学是什么呢? 化学有趣吗? 化学有什么用吗? 如何学好化学呢? ……化学是在原子、分子水平上研究物质的组成、结构、性质、转化及其应用的一门基础学科,其特征是从微观的层次认识物质,以符号的形式描述物质,在不同的层面创造物质。对很多人而言,走进化学世界就像走进一个迷宫,充满了神秘与魔幻、激情与梦想。其实,化学并非只是一个深奥的学科,它是我们身边的自然科学,与人类的生活息息相关。可以这么说,人类的生活能够不断提高和改善,化学的贡献功不可没。而今,时代的飞速发展越发体现出科学的重要意义,化学不仅与经济发展、社会文明关系密切,也是材料科学、生命科学、环境科学、能源科学和信息科学等现代科学技术的重要基础,由此可见,学好化学意义深远。

我们将在本书中从"魅力无穷的化学""给你一个轻松学好化学的支点""从化学视角认识物质的方法""掌握解决化学问题的金钥匙"四部分逐一向大家介绍。

本书由庄璟策划和统稿,撰写者有庄璟、姚秋平、林风春。本书在编写过程中得到许多同行、专家的关心和指导,在这里一并感谢。

1

目 录
CONTENT

目 录
CONTENT

第一部分

魅力无穷的化学

奇妙的化学变化

亲爱的同学，在我们生活的物质世界里，存在着形形色色的物质，而且这些物质还在不断地变化着，其中包括物理变化，也包括化学变化。物理变化就是只改变物体的大小、位置、形状、温度、压强的变化，以及气态、液态、固态间的相互转化等。比如，把一块橡皮分成两半，它的大小和形状发生了变化，就是物理变化。液态的水蒸发变成水蒸气，水蒸气冷凝成水，水凝固成冰，冰受热融化成水，也是物理变化。

而化学变化则要求物体本身性质的变化，并且化学变化的过程中，必须要有新物质生成。比如，厨房燃气灶里的天然气燃烧，使原来的天然气变成了二氧化碳与水蒸气，就是化学变化。铁制容器放在外面，被雨淋湿以后，上面就会长出铁锈，铁变成了铁锈，也属于化学变化。

在我们的生活中，化学变化的例子非常多。当你吃着松软香甜的馒头时，是否想过，在馒头的制作过程中还包含着化学知识，发生着化学反应？当你喝着清凉的汽水时，是否想过，汽水里的气泡从何而来，发生了什么化学反应呢？当你骑着自行车或乘着汽车去上学，是否想过，钢铁、塑料、合成橡胶的制取中包含着哪些化学知识，发生了什么化学反应呢？只要你留心观察、用心思考，就会发现生活中的化学变化与化学知识到处可见。那么,生活中我们怎样判断化学变化呢?

第一,要明确化学变化的概念,抓住本质。化学变化的本质,宏观上有新物质生成,微观上物质发生化学变化时,反应物的分子在化学反应中分成了原子,原子重新组合构成新分子。例如,氢气在氧气中燃烧,宏观上生成水,微观上氢气与氧气分子在反应中分解成了氢原子与氧原子,氢原子与氧原子重新组合构成水分子。

第二,找出变化前后的物质。例如,加热水至沸腾,变化前的物质是液态的水,变化后的物质是水蒸气;电解水,变化前的物质是水,变化后的物质是氢气与氧气。

第三,判断变化前后是否是同一种物质。找出变化前后的物质之后,可判断变化前后的物质是否是同一种物质。例如,加热水至沸腾,前后物质都是水,只是同种物质的不同状态罢了,变化前是液态,变化后是气态;电解水,水反应掉,生成了氢气与氧气,反应前后不是同种物质。

第四,得出结论。变化前后,没有生成新物质的是物理变化,有新物质生成的是化学变化。例如,水的沸腾是物理变化,电解水是化学反应。

第五,关注注意点。化学变化在生成新物质的同时,时常伴随着一些反应现象。例如:发光、发热、产生气体、改变颜色、生成沉淀等。有时可通过反应现象来判断是否发生了化学变化或者产物是什么物质。但需要注意,根据现象判断化学反应时,还要判断是否有新物质生成。例如,所有的燃烧都是化学变化,但并不是所有的爆炸都是化学变化。炸药引起的爆炸是化学变化,而气球爆炸就是物理变化;燃烧伴随发光、放热是化学变化,但电灯发光、发热是物理变化。

放眼四顾，我们会看到各种各样的化学变化和五光十色的化学现象。可见，人们的生活离不开化学，生活中处处有化学。

千姿百态的物质世界，大到宇宙中的星体，小到我们眼睛看不见的微粒，物质之间存在着多种相互作用，也不断地发生着各种变化。化学就是在原子、分子水平

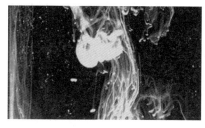

美丽化学：沉淀反应

上研究物质及其变化的一门科学，它不仅要研究自然界里已经存在的物质，还要根据需要研究和创造自然界里不存在的物质。

今天，你准备好了吗？让我们一起翱翔在化学的天地之中，让一个个奇妙的化学反应开启你的心智，让我们一起去探索那奇妙的化学世界！

学会了，练一练

生活中的下列变化属于化学变化的是_____，理由是_____。

A. 蜡烛熔化　　B. 酒精挥发　　　C. 牛奶变酸　　D. 干冰升华

E. 彩纸折成纸鹤　　　　　　F. 白雪缓慢消融

G. 葡萄酿成美酒　　　　　　H. 霓虹灯光闪烁

练一练答案：C，G

（注：牛奶变酸与葡萄酿成美酒都有新物质生成）

姚秋平

生活处处有化学

同学们,当你领略到奇妙的化学变化时,是不是已经被化学这一门多姿多彩的神奇学科吸引了,对化学的学习充满了期待和憧憬,还有些许的紧张? 其实化学与我们的生活密不可分,生活中处处有化学。将化学知识与我们的生活紧密联系,细心观察、善于思考,就能领略到化学的无穷魅力。

一、从生活到化学,加强知识的巩固

1. 从衣食住行发现化学

从生活中发现化学,首先可以从与我们密切相关的衣食住行入手,发现化学的魅力,加深对化学概念和化学原理的理解和内化。

生活必需	例 举	主要物质	化学知识
衣	衣服—衣料	石油加工产品	物质的组成碳(C)、氢(H),有机物的概念等
食	粮食、蔬菜等。植物在生长过程中需要合理使用化肥、农药等	化肥为植物提供营养元素氮、磷、钾	化肥的分类:氮肥、磷肥、钾肥,复合肥料等
住	楼房、空调、钢筋等	合金、玻璃等	金属的性质及其变化等
行	飞机、小轿车、公交车、卡车、轮船等	金属、柴油、汽油等燃料	燃料燃烧的条件,燃料充分燃烧的措施等

2. 从生活中的情景出发探寻化学

要善于从周围的现象中发现化学,用探索的思维思考实际问题。

一次社会实践中,午餐时,几个同学吃自加热米饭。热气腾腾的饭菜下面看不到火,这是为什么?小王同学兴奋地说:下面放的是生石灰。是怎么反应的呢?小杨同学娓娓道来:"原理是饭盒内放置一个水袋和一个内装生石灰的包装袋,水袋上安一根线绳露到饭盒外,拉动小绳就会将水袋弄破,生石灰遇水发生化学反应释放出热量,使饭菜变热。为了研究它,我昨天还上网查了资料,并把波力海苔中的干燥剂(生石灰)放入水中做了实验,有点烫手。"小杨同学那种"满腹诗书"的自豪感洋溢在脸上。他善于发现化学问题,积极思考,勇于探索的精神值得大家学习。

二、从化学到生活,学以致用

1. 用化学常识解决生活问题

雯雯妈妈在烧鱼时不小心将鱼胆弄破了,怎么办?雯雯很快帮妈妈解决了这一问题。胆汁具有苦味的物质主要是胆汁酸,是一种酸,难溶于水。要除去胆汁酸,消除苦味,需要用碱性物质将酸反应掉,雯雯在厨房中找到了纯碱,放入水中溶解,再将鱼放在溶液中浸泡,这样做出来的鱼就没有苦味了。雯雯用学过的知识——纯碱溶液呈碱性,与酸能发生复分解反应,反应掉胆汁酸,解决了生活中的实际问题。生活中像这样的问题还不少,如:米汤水浇花提供给植物的营养物质是什么?为什么蚊子叮咬可以涂肥皂水减轻痒痛,烧水壶里的水垢可用醋清洗,洗头发为什么先用洗发露后用护发素等,都可以用学过的化学知识快速解决。我们在用化学知识解决实际问题的同时,加深了对化学知识的理解。

2. 根据所学的化学知识做家庭小实验,探究其内涵

"百闻不如一见,百看不如一练",由于课堂实验的时间安排及仪

器要求等因素,同学们亲自动手实验有一定的局限性。我们将课堂上的实验延伸到家里动手做,既能巩固所学知识,又能在动手实验中体验到用比较、分析等科学方法探究知识的来龙去脉的过程。比如:小王同学学习氧气的制取后,在家里探究"神奇的土豆制氧";在学习焰色反应时,小王同学的家庭实验是煤气灶上撒盐;学习物质的结晶时,小高同学制作胆矾晶体项链,等等。这些实验不仅巩固了所学知识,而且在实验过程中同学们积极动脑,找出可以利用的实验用品,分析了遇到的问题,并找到解决问题的方法。据小王同学介绍,他在制氧的过程中探究了几种催化剂,实验了5次之后才收集到一小瓶氧气。可以说在这个过程中同学们的创新意识和能力都有不同程度的提升,同时实验成功的感觉是让人畅快淋漓的。

三、关注与化学有关的社会热点问题,学好化学,服务社会

将所学化学知识融入社会生活,发挥化学知识的重要作用,在使用时要知其性质,明其变化,合理使用,使用不当会造成伤害。2020年春节期间,新型冠状病毒来袭,如何用化学来防控? 75％酒精、含氯的消毒剂、过氧乙酸等纷纷进入我们的家庭。那么怎样合理使用呢? 小峰同学通过查阅资料,用学过的化学知识为大家做了科普:

1. 75％酒精:闪点低、易燃、易挥发、遇明火会引起爆炸,应存放于阴暗处,避免阳光照射,防止倾倒外溢,远离电源和火源,勿在空气中直接喷洒,保持通风。使用时最好以擦拭的方式,每次取用后必须

立即盖紧瓶盖,严禁敞开放置,避免酒精挥发,酒精浓度降低。

2.84消毒液:具有一定的腐蚀性和挥发性,使用时通常需要兑水稀释至一定浓度,带好手套和口罩,避免直接接触。消毒时间约为20分钟,且消毒后要用清水擦拭2遍,以防残留物对人体造成伤害。使用时,避免身体不适,要注意开窗通风,加快空气流通,尽快散尽残留的刺激性气味。

3.84消毒液不能与洁厕剂(主要成分是盐酸)混合,混合后会发生化学反应,生成有毒的氯气,会导致咳嗽甚至危及生命。

4.84消毒液和酒精混在一起,会发生一系列复杂的化学反应,失去了消毒和杀菌的效用。

运用好化学,正确使用消毒剂能有效阻断病毒的传播途径,为我们自己、家人、社会提供更好的保障!

化学源于生活,又运用于生活。老师真诚地希望同学们永远怀有一颗对化学的好奇心,学好化学,服务社会,造福人类!

学会了,练一练

1.“关爱生命,拥抱健康”是人类永恒的话题。

(1)患胃酸过多症的病人可服用含_____(选填“氢氧化铝”或“氢氧化钠”)的药物治疗;

(2)健康人的体液必须维持在一定的酸碱度范围内,用_____可以测定人体内或排出的液体的酸碱度,帮助我们了解身体健康状况。

2.习总书记在全国生态环境保护大会上指出,要像保护眼睛一样保护生态环境,像对待生命一样对待生态环境。下列选项中,不利于生态环境保护的是( )。

A. 参与植树造林,扩大植被面积

B. 改进污水处理技术,减少水体污染

C. 使用一些新型可降解的塑料,减少"白色污染"

D. 将校园散落的塑料袋、树叶集中焚烧,保持整洁的环境

练一练答案:1.(1)氢氧化铝,(2)pH试纸;2. D

林凤春

有趣的化学实验

火星四射、明亮耀眼的白光、蓝紫色火焰、蓝色沉淀……刚刚步入化学的大门，同学们一定被这些神奇刺激的实验现象所吸引吧！化学实验是化学学习的重要组成部分，也是化学学科研究和发展的主要方法。

说起实验操作，实验仪器那么多，有的仪器规定用量不能超过三分之一，有的仪器规定不能超过三分之二……诸如此类的识记内容和操作，要求非常多也非常杂。有些同学十分希望能有比较详细的完整解读，现在我们就从化学实验的意义、规范和基本实验操作三个方面，向同学们做一些介绍。

一、化学实验的意义

化学是深入到分子和原子水平上研究元素、化合物和材料等物质的组成、结构、性质、制备、应用、相互作用和变化规律的科学。许多化学现象只有通过化学实验才能得到解释，很多化学原理和结论都要通过化学实验才能进行验证。化学实验是进行科学探究、学习化学知识的重要途径，要学好化学，必须重视化学实验。"纸上得来终觉浅，绝知此事要躬行"，光从理论上学习化学原理是远远不够的，必须在弄清原理的基础上，亲自动手做实验。同学们在实验中要遵守实验室规则，认真观察并全面准确地记录实验现象，透过精彩的实验现象深入探寻实验的本质，并在实验后认真分析、评价与反思总结。

二、化学实验的规范

化学实验现象固然精彩有趣,但也有一定的不确定性和危险性。同学们在进行实验前一定要明确实验室的规章制度,养成良好的实验习惯,规范地进行化学实验,确保实验的安全性。

1. 进入实验室前应认真预习,明确实验目的,了解实验的基本原理、方法、步骤以及相关的基本操作和注意事项。

2. 遵守纪律,不迟到,不早退,不在实验室里大声喧哗,保持室内安静。

3. 实验前先清点所用仪器,如发现破损,立即向指导老师声明补领。若在试验过程中损坏仪器,应及时报告,并填写仪器破损报告单,经指导老师签字后交实验室老师处理。

4. 实验时听从老师指导,严格按操作规程正确操作,仔细观察,积极思考,随时将实验现象和数据如实地填写在专用记录本上。

5. 公用仪器和试剂瓶等用毕后立即放回原处,不得随意乱拿乱放。试剂瓶中试剂不足时应报告指导老师及时补充。

6. 实验时要保持桌面和实验室的清洁整齐。废液倒入废液缸内,火柴梗、用后的试纸或滤纸等废物一起投入废物篓内,严禁投放在水槽中,以免腐蚀和堵塞水槽及下水道。

7. 使用精密仪器时必须严格按照操作规程进行操作。细心谨慎,避免因粗心大意而损坏仪器。如发现仪器故障,应立即停止使用,报告老师及时排除故障。仪器使用后必须自觉填写登记本。

8. 实验中应严格遵守水、电、煤气以及易燃、易爆和有毒药品等的安全规则。注意节约水、电和试剂。

9. 禁止将食品带入实验室,着装干净整洁,秩序井然,树立良好的风气。

10. 实验完毕，将桌面、仪器和药品架整理好，值日生负责做好整个实验室的清洁工作，并关好水、电开关及门窗等。实验室一切物品不得带离实验室。

三、基本实验操作

俗话说得好，"工欲善其事，必先利其器"。实验仪器和实验操作对化学实验非常重要，接下来我们一起学习初中常见仪器和规范的实验操作。

（一）仪器介绍

1. 试管

（1）用途：

① 在常温或加热时，用作少量试剂的反应容器。

② 溶解少量固体。

③ 收集少量气体。

（2）注意事项：

① 加热时外壁必须擦干，一般要先均匀受热，然后再集中受热，防止试管受热不均而破裂。

② 加热时，试管要先用铁夹夹持固定在铁架台上。

③ 加热固体时，试管口要略向下倾斜，且未冷却前试管不能直立，避免冷凝水倒流使试管破裂。

④ 加热液体时，盛液量一般不超过试管容积的 1/3（防止液体受热溢出），使试管与桌面约成 45°角度（增大受热面积），管口不能对着人（防止液体喷出造成伤害）。加热后没有冷却的试管，不能用手摸，避免烫伤。

2. 试管夹

(1) 用途：夹持试管。

(2) 注意事项：

① 试管从下往上套，夹在距管口 1/3 处。

② 不要把拇指按在试管夹短柄上。

3. 玻璃棒

(1) 用途：搅拌、引流、蘸取液体等。

(2) 注意事项：

① 搅拌不要碰撞容器壁。

② 用后及时洗擦干净。

4. 酒精灯

(1) 用途：加热。

(2) 注意事项：

① 使用时先将灯放稳，灯帽取下直立在灯的右侧，以防止滚动且便于取用。

② 使用前检查并调整灯芯（保证更充分地燃烧，火焰保持较高的温度）。

③ 灯体内的酒精不可超过灯容积的 2/3，也不应少于 1/4（酒精过多，在加热或移动时易溢出；太少，加热酒精蒸气易引起爆炸）。

④ 禁止向燃着的酒精灯内添加酒精（防止酒精洒出引起火灾）

⑤ 禁止用燃着的酒精灯直接点燃另一个酒精灯，应用火柴从侧面点燃酒精灯。

⑥ 应用外焰加热（外焰温度最高）。

⑦ 用完酒精灯后，必须用灯帽盖灭，不可用嘴吹熄（防止将火焰沿着灯颈吹入灯内）。

⑧ 用完后,立即盖上灯帽(防止酒精挥发和灯芯吸水而不易点燃)。

⑨ 不要碰倒酒精灯。若有酒精洒到桌面并燃烧起来,应立即用湿布扑盖或撒沙土扑灭火焰,不能用水冲,以免火势蔓延。

5. 胶头滴管、滴瓶

(1)用途:

① 胶头滴管用于吸取和滴加少量液体。

② 滴瓶用于盛放少量液体药品。

(2)注意事项:

① 先排空再吸液。

② 悬空垂直放在试管口上方,以免沾污滴管。

③ 吸取液体后,应保持胶头在上,不能向下或平放,防止液体倒流,沾污试剂或腐蚀胶头。

④ 除了吸同一试剂外,用后应立即洗净,再去吸取其他药品(防止试剂相互污染)。

⑤ 滴瓶上的滴管与瓶配套使用,滴液后应立即插入原瓶内,不得弄脏,也不必用水冲洗。

6. 铁架台(包括铁夹和铁圈)

(1)用途:用于固定和支持各种仪器,一般常用于过滤、加热等实验操作。

(2)注意事项:

铁夹和十字夹缺口位置要向上,以便于操作和保证安全。重物要固定在铁架台底座大面一侧,使重心落在底座内。

7. 烧杯

(1)用途:用于溶解或配制溶液和较大量试剂的反应容器。

(2)注意事项:受热时外壁要干燥,并放在石棉网上使其受热均匀(防止受热不均烧杯炸裂),加液量一般不超过容积的 1/3,防止加热沸腾使液体外溢。

8. 量筒

(1) 用途:量取液体的体积。

(2) 注意事项:不能加热,不能作为反应容器,也不能用作配制或稀释溶液的容器。

9. 集气瓶(瓶口边缘磨砂)

(1) 用途:

① 用于收集或短时间贮存少量气体。

② 用作物质在气体中燃烧的反应器。

(2) 注意事项:

① 不能加热。

② 收集或贮存气体时,要配以毛玻璃片遮盖。

③ 在瓶内作物质燃烧反应时,若固体生成,瓶底应加少量的水或铺少量的细沙。

10. 蒸发皿

(1) 用途:用于蒸发液体或浓缩溶液。

(2) 注意事项:

① 盛液量不能超过 2/3,防止加热时液体沸腾外溅。

② 均匀加热,不可骤冷(防止破裂)。

③ 热的蒸发皿要用坩埚钳夹取。

(二) 基本操作介绍

1. 给试管中固体加热

仪器:试管、带铁夹的铁架台、酒精灯

注意事项：装置的固定（从下到上、从左到右）、铁夹夹的位置、管口的方向、加热的顺序。

给物质加热的基本方法：用铁夹夹住距试管口 1/3 处，首先用酒精灯外焰均匀加热，然后将试管底部集中在外焰处加热。取用试剂时应根据实验的需要选择相应等级的药品。

试剂等级	符号	标签颜色	用　途
一级品/优级纯	GR	绿色	精密分析实验
二级品/分析纯	AR	金光红色	一般分析实验
三级品/化学纯	CP	蓝色	一般化学实验
生化试剂	BR	咖啡/玫红色	生物化学实验

2. 给试管中液体加热

仪器：试管、试管夹、酒精灯

注意事项：加热液体时，盛液量不超过试管容积的 1/3（防止液体受热溢/冲出），试管与桌面约成 45° 的角度（增大受热面积），管口不能对着自己或别人（防止液体喷出伤人）。

3. 固体药品的取用（存放在广口瓶中）

（1）块状药品或金属颗粒的取用（横—口—竖）

仪器：镊子

步骤：先把容器横放，用镊子夹取块状药品或金属颗粒放在容器口，再把容器慢慢地竖立起来，使块状药品或金属颗粒缓缓地沿容器壁滑到容器底部，以免打破容器。

（2）粉末状或小颗粒状药品的取用（横—底—竖）

仪器：药匙或纸槽

步骤：先把试管横放，用药匙（或纸槽）把药品小心送至试管底部,然后使试管直立起来,让药品全部落入底部,以免药品沾在管口或试管上。

4. 液体药品的取用

(1) 少量液体药品可用胶头滴管取用。

(2) 大量液体药品可用倾倒法(一倒二向三紧挨)。

步骤:

① 瓶盖倒放在实验台(防止污染药品)。

② 倾倒液体时,应使标签向着手心(防止残留的液体流下腐蚀标签)。

③ 瓶口紧靠试管口,缓缓地将液体注入试管内(快速倒会造成液体洒落)。

④ 倾注完毕后,立即盖上瓶塞(防止液体挥发或污染),标签向外放回原处。

(3) 一定量的液体可用量筒取用。

仪器:量筒、胶头滴管

步骤:选合适的量筒,慢慢注入液体,最后滴加液体。

注意事项:使用量筒时,要做到:①接近刻度时改用胶头滴管。②读数时,视线应与刻度线及凹液面的最低处保持水平。③若仰视则读数偏低,液体的实际体积>读数;俯视则读数偏高,液体的实际体积<读数。

化学实验是学习化学和研究化学的重要工具,经过上面的梳理,如何进行化学实验,是不是清楚多了,相信同学们再遇到这类问题,一定会游刃有余了吧。

学会了,练一练

1.下列实验操作正确的是(　　)。

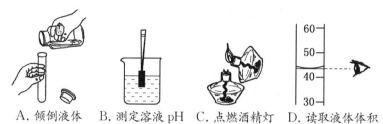

A.倾倒液体　　B.测定溶液 pH　　C.点燃酒精灯　　D.读取液体体积

2.实验装置或实验操作中错误的是(　　)。

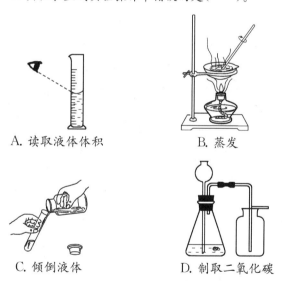

A.读取液体体积　　　　　　　B.蒸发

C.倾倒液体　　　　　　　D.制取二氧化碳

练一练答案:1. D; 2. A C

庄　璟

丰富多彩的物质世界

我们生活的世界是物质世界，自然界和人工合成出的物质有千万种。化学和人类的生活有着密切的联系，人们的衣食住行处处都离不开化学物质。

人们穿的衣服，从纤维的制造和处理，到各色花布的印染，许多环节化学起了关键作用。在人口倍增的情况下，粮食供应充足，化学立了大功。化肥和农药促进了农作物的丰收，我们用盐水选种，确保种子的发芽率。在农作物生产过程中，需要氮磷钾等多种营养元素，氮的获取离不开合成氨工业。1909 年德国化学家哈伯用锇作催化剂，成功地在高温高压下将惰性很大的氮气和氢气合成了氨：$N_2 + 3H_2 \xrightarrow[\text{催化剂}]{\text{高温高压}} 2NH_3$，哈伯因此获得 1918 年的诺贝尔化学奖。

博施在此基础上深入研究，先后试用了 2 500 种以上的不同的催化剂配方，经过 6 500 次以上的试验，找到了性能很好又低廉的铁催化剂，实现合成氨的大规模工业化生产，并促进了农业生产的发展。博施因合成氨的生产而获得 1931 年的诺贝尔化学奖。

20 世纪后半叶，许多化学家看到合成氨等催化工业产品的需要量大增，为深入精确地了解它们的反应机理，进一步提高生产水平，埃特尔对表面化学进行了深入研究，阐明了合成氨反应过程是由 7 个步骤构成的，他的这些成就获得了 2007 年诺贝尔化学奖。

化学和医学结合，研制和使用药物医治疾病，提高了人类的健康水平,延长了人类的寿命;利用化工冶金炼制钢铁,烧制水泥、玻璃和砖瓦,兴建高楼大厦,以各种美观实用的装饰和现代材料修建隔热、隔音和防腐的舒适住房,化学提供了物质基础,为打赢脱贫攻坚战做出了贡献。

在新型冠状病毒肺炎的防治过程中,根据国家卫健委高级别专家组成员李兰娟院士的介绍:新型冠状病毒怕酒精、不耐高温,56 ℃持续 30 分钟,冠状病毒就死亡了。按照以往对冠状病毒的经验,75%酒精、含氯的消毒剂还有过氧乙酸等,均可有效灭活病毒。其中生活中常用的含氯消毒剂 84 消毒液,是以次氯酸钠($NaClO$)为主要有效成分的消毒液,$NaClO$ 具有强氧化性,做漂白剂,其漂白原理是 $NaClO$ 水解生成具有漂白性的 $HClO$(次氯酸),具有强氧化性,能够将具有还原性的物质氧化,使其变性,因而能够起到消毒的作用。空气中的 CO_2(二氧化碳)溶解于 $NaClO$ 溶液中,可以与 $NaClO$ 反应得到具有漂白性的 $HClO$。化学方程式为:$NaClO + CO_2 + H_2O \Longrightarrow NaHCO_3 + HClO$。但需要注意的是,84 消毒液不能和洁厕灵同时使用,因为洁厕灵中含有盐酸,两者混合会有有毒的氯气产生。84 消毒液要按照说明书上的要求进行稀释后使用。

煤、石油、天然气是生产塑料、化肥、人造纤维等化工产品的重要原料,可以发电,可以作为燃料取暖、烹煮食物,用作交通工具的燃料。自然资源日益减少,为应对资源枯竭,我们需要尽快发现和研制出新型能源替代不可再生燃料。

不可否认,近年来一些化学物质的不当使用,导致环境的污染和对健康的危害,而学习化学能更科学、明白、健康地生活,能正确地看待周边关系到化学的一些问题,认识化学在社会发展中的重要作用。

学会了,练一练

1. 物质的用途既与化学性质有关又与物理性质有关的是( )。

A. 金刚石:切割玻璃　　　　　　B. 二氧化碳:灭火

C. 活性炭:净水剂　　　　　　　D. 氩气:多用途电光源

2. 城市污水经深度净化处理后的水统称"中水",因为水质介于自来水(上水)与排入管道的污水(下水)之间,故名为"中水"。下列说法正确的是( )。

A. "中水"是一种饮用水

B. 利用"中水"有利于节约水资源

C. "中水"中水分子的组成与蒸馏水中水分子的组成不同

D. 将生活污水净化处理成"中水"的过程中要过滤、吸附和蒸馏

练一练答案:1. B; 2. B

庄　璟

化学使你变得更智慧

在化学学习过程中,我们不仅收获了许多化学知识,还增长了智慧。你发现了吗?

一、"一分为二"地看待物质

人类生活在空气中,每个正常人每天需要吸入的空气为10—12立方米,人体要靠空气中的氧气来维持生命,如在医疗急救、潜水运动、航天航空中均得到应用。氧气还可以作助燃剂,在燃料燃烧、炼钢、焊接和切割金属等时都需要用到氧气。

物质的性质具有多样性,不同的性质可发生不同的反应。氧气也有其有害的一面,例如频繁发生的火灾、金属制品的锈蚀、物质的变质、塑料橡胶的老化等都与氧气有关。在有些情况下,需要设法除去氧气或将物品与氧气隔离,如食品真空包装,金属制品表面喷漆涂油等。

不仅是氧气,我们生活的物质世界中许多物质亦是如此,比如数年前发生的"三聚氰胺毒奶粉"事件,三聚氰胺($C_3H_6N_6$)这种化学物质添加在奶粉中,对人体健康是有害的,而在化工行业中可以制得三聚氰胺树脂,用于塑料及涂料工业,也可做纺织物防皱褶、防缩处理剂,防潮纸及皮革鞣剂,合成防火层板的黏结剂,防水剂的固定剂或硬化剂等,有着十分重要的用途。归根到底,我们对于物质应"一分为二"的看待,趋利避害、扬长避短,来造福人类。

二、做事情讲究顺序

常见的具有还原性的气体有一氧化碳和氢气,这些气体作为还原剂时,可进行一氧化碳或氢气在加热条件下还原氧化铜,其化学原理如下:

$$H_2 + CuO \stackrel{\triangle}{=\!=\!=} Cu + H_2O$$

$$CO + CuO \stackrel{\triangle}{=\!=\!=} Cu + CO_2$$

由于氢气和一氧化碳均具有可燃性,不纯的时候点燃可能发生爆炸。另外,还原后生成的铜在较高温度下又会被空气中的氧气氧化。因此,为了保证实验的安全和成功,必须严格按照正确的步骤进行:

第一步,向装置内通入纯净的氢气或一氧化碳气体,用于排净装置内的空气,防止爆炸。

第二步,点燃酒精灯进行加热。

第三步,待黑色的氧化铜变为红色的铜之后,可以撤离酒精灯,停止加热。

第四步,为了防止生成物 Cu 被空气中的氧气氧化,还需继续通入氢气或一氧化碳气体,直至生成物冷却到室温为止。在这个实验中,第一步和最后一步的对象都是反应物氢气或一氧化碳气体,而中间两步的对象都是热源——酒精灯。所以,如果用"早出晚归"形容氢气或一氧化碳,用"迟到早退"形容酒精灯,我们又给它们赋予了新的科学意义。这个实验顺序告诉我们做事要讲究顺序,分清轻重缓急。

三、细节决定成败

化学实验十分讲究细节,可谓"细节决定成败",稀有气体元素氩的发现就是英国化学家瑞利进行精确测量的结果。瑞利有一项重要的研究是从空气和氮的化合物中制取纯净的氮,这项工作首先要测定各种气体的密度。他把磷在空气中燃烧,除掉氧气,然后把剩余的气体先后通过氢氧化钠溶液和浓硫酸,分别除掉二氧化碳和水蒸气,得到"纯净"的氮气。经过测定,得到的结果是每升氮气重 1.257 2克。为了验证这个实验结果的可靠性,瑞利又用分解几种含氮化合物(包括氨气、尿素、笑气等)的方法得到氮气,再测定其密度,结果却是每升氮气重 1.250 8 克,对比之下相差 0.006 4 克,仅在小数点后第三位不相同,对于那么小的差异,瑞利却认为远远超出了实验允许的误差范围,一定有尚未查清的因素在起作用。

瑞利认为,之所以由空气制得的氮气的密度大一点,可能有四种原因:

1. 由大气中所得的氮气,可能还含有少量的氧气。

2. 由氨制得的氮气,可能混杂了微量的氢气。

3. 由大气制得的氮气,或许有类似臭氧 O_3 的 N_3 分子存在。

4. 由氨制得的氮气,可能有若干分子已经分解,故而把氮气的密度降低了。

第一个假设是不可能的,因为氧气和氮气的密度相差极微,必须混有大量的氧气,才有可能出现 5/1 000 的差异。与此同时,瑞利又用实验证明,他由氨制得的氮气,其中绝不含氢气。第三个解释也不足令人置信,因为他采用无声放电使可能混杂 N_3 的氮气变化,并没发现氮的密度有所变化,即不存在 N_3。第四种假设几乎是不可能的,因为如果存在游离的氮原子,必然会彼此结合为分子,不可能在正常条件下长期游离。正当瑞利困惑不解时,化学家拉姆塞向瑞利提出,他要用新方法研究大气中的氮,瑞利对此慨然允许,并与拉姆塞精诚合作。经过严密的研究后，于 1894 年确定所谓的 N_3 并不是氮的同素异形体，而是一种特殊的从未观察到的不活泼的单原子气体，其原子量为 39.95，在大气中约含 0.93％。他们为之取名为"氩"，其希腊文的原意是"不活泼"的意思。第一个惰性气体就这样被发现了。这种研究导致了一系列惊人的重大成果，陆续发现了氦、氖、氩、氪、氙、氡等整个一族的惰性气体元素。

氩的发现源于极其精密的数值，因此人们把这一发现称为"第三位小数的胜利"。瑞利和拉姆塞之所以抓住了这个机会，应该说是他们严谨的科学态度和认真周密研究的结果。科学界对瑞利和拉姆塞的功绩作了充分的肯定，因此瑞利和拉姆塞在 1904 年分别被授予诺贝尔物理学奖和化学奖。

通过上述事例告诉我们，化学学习过程中，我们不仅可以收获化学知识，还能提升自己的认知和思维水平呢！

学会了，练一练

在学习化学的过程中，还有哪些学习内容使你更有智慧呢？请举例说说。

练一练答案：略

庄　璟

第二部分

给你一个轻松学好化学的支点

你需要良好的化学学习习惯

你现在可能已经养成了许多学习的好习惯,如课前预习、课堂上专心听讲及善记勤思、课下认真复习、独立完成作业等,这些都是学习必备的好习惯。根据化学学科特点,学好化学还需要养成良好的化学学习习惯。

一、善用化学语言解决问题的习惯

化学语言是学习化学的重要工具,就如数学九九乘法口诀,现在每天都要用上几次,因为它是学习必备的工具。化学语言就是这样一个工具,驾驭它,它就属于你,在化学学习的道路上可以用它逢山开路,遇水架桥,特别是当你遇到疑难问题时,它能帮你理清思路,突出重围。

例题 1:在硝酸铜和硝酸银的混合溶液中,加入一定量的铁粉,充分反应后,过滤上述反应的混合液,取少量滤液向其中滴加盐酸有白色沉淀产生,那么过滤所得的滤渣中所含的金属是_____;滤液中的溶质是_____。

首先,将硝酸铜和硝酸银、铁粉名称写成化学式:$Cu(NO_3)_2$、$AgNO_3$、Fe。

其次,根据题意写出可能反应的化学方程式:

① $Fe + 2AgNO_3 = Fe(NO_3)_2 + 2Ag$

② $Fe + Cu(NO_3)_2 = Fe(NO_3)_2 + Cu$

③ $HCl + AgNO_3 = HNO_3 + AgCl\downarrow$

最后,从化学方程式的信息中打开解题的通道。

③的发生,说明①的反应中硝酸银有剩余,铁已被反应完,②没有机会发生反应,则硝酸铜安然无恙的存在,答案水落石出。过滤的滤渣中所含的金属是 Ag,滤液中的溶质是 $Cu(NO_3)_2$、$AgNO_3$、$Fe(NO_3)_2$。

例题 2:有一包固体,可能含有氧化钙、硝酸钾、碳酸钠、碳酸钙中的一种或几种。为探究其组成,进行如图 1 的实验。

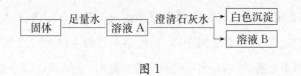

图 1

(1) 固体中一定含有＿＿＿＿＿＿＿。

(2) 固体中一定没有＿＿＿＿＿＿＿。

(3) 写出生成白色沉淀的化学方程式＿＿＿＿＿＿＿。

首先,将氧化钙、硝酸钾、碳酸钠、碳酸钙名称写成化学式放到图框旁:CaO、KNO_3、Na_2CO_3、$CaCO_3$

其次,根据题意加足量水写出可能反应的化学方程式:

① $CaO + H_2O = Ca(OH)_2$;

② $Ca(OH)_2 + Na_2CO_3 = CaCO_3\downarrow + 2NaOH$

最后，从化学方程式中找到隐含的信息：在溶液 A 中氧化钙和碳酸钠不能同时存在，会发生①②反应，有白色沉淀生成。这时解题的思路清晰呈现：溶液 A 中加石灰水有白色沉淀生成，说明溶液 A 中一定有碳酸钠，则固体中一定有碳酸钠，一定没有氧化钙和碳酸钙。三个问题轻松拿下，化学语言帮你突出重围。

二、勤动手做、仔细观察、认真思考、勇于实践的习惯

化学是以实验为基础的学科，具备基本实验技能是进行化学学习和探究活动的基础和保证，新中考改革不仅在试卷中加大了实验内容的考查，而且增加了实验操作的考查。可见，得实验者得化学。

1. 勤动手做

"纸上得来终觉浅，绝知此事要躬行"。亲自动手做实验胜过看实验，没有动手做的实验，很难记清其中的细节和原因，看和听多次不如亲手做一次。

如胶头滴管的吸液和滴加液体的操作，亲自做才能体会到吸液的过程不是挤压而是放手的过程。深刻理解三指握、两指托的重点，用大拇指、食指、中指的握，无名指和小拇指的协调托配合，才能稳当地将液体滴入试管，而不会出现因手抖液体滴到试管外的尴尬。动手做的过程也是纠正不正确的操作，使之规范严谨的过程，只有在做的过程中才能形成良好的实验习惯。

再如粗盐提纯溶解的操作，怎样把握好搅拌的力度，必须在动手做的过程中找到感觉，既不能用玻璃棒碰撞容易破碎的烧杯，还要使白色的食盐全部溶解消失不见，可以通过动手做领会玻璃棒的作用：加速溶解；蒸发操作更要把握火候，稍有不慎液体就会飞溅，玻璃棒的作用在不断搅拌中应运而生，可以使受热均匀，防止飞溅。特别是

洁白的食盐出现在蒸发皿中,成功的喜悦会让你忽略危险的存在:整理实验仪器时,一不小心就会被热蒸发皿烫伤手,要用坩埚钳夹持取下蒸发皿,树立安全第一的责任意识。

2. 仔细观察、认真思考

无论是课堂的演示实验,还是学生分组实验及家庭实验,在做的过程中一定要仔细观察实验现象,记录实验数据,认真思考实验现象背后蕴含的化学原理。如在探究"实验室制取二氧化碳"时思考:"如何选择发生装置?""怎样收集二氧化碳?""制取氧气的装置能用于制取二氧化碳吗?"等问题,强化了所学知识,提升了能力。

图2

例如,图2中两支试管相同的条件是什么? 不同的条件是什么? 不同的条件就是问题的本质。同样的白磷为什么试管中的燃烧了,而烧杯中的不燃烧? 燃烧需要氧气;同样是试管中为什么红磷不燃烧? 温度未达到红磷的着火点,燃烧的条件脱颖而出。

3. 勇于实践

化学学习过程既要善于观察、勤于思考,更要积极探索、勇于实践。

例如在做"湿法炼铜"的实验时,往往会看到有气泡产生这一异常现象,为后续探究提供了问题,要刨根问底一探究竟,要善于发现异常现象背后的原理。

例如某 $CuCl_2$ 溶液中可能混有盐酸,向该溶液中逐滴滴入某种碱溶液,产生沉淀的量与加入碱的量的关系图中,沉淀不是从零点开始总是困扰同学们,如果进行实验探究,问题就迎刃而解了。向

$CuCl_2$ 和盐酸混合溶液中逐滴滴入 NaOH 溶液，在实验中仔细观察沉淀生成的瞬间又马上溶解，到下沉不溶解的过程，领悟现象背后实验变化的原理，在真实探究中释疑解惑。

叶圣陶先生说过："凡是好的态度和好的方法，都要使它成为习惯。只有熟练地成了习惯，好的态度才能随时地表现，好的方法才能随时随地应用，好像出于本能，一辈子受用不尽。"大家可以从现在开始行动起来，养成学好化学的好习惯。

林凤春

科普读物——提兴趣

每接到新的初三,就会有很多家长问:老师,马上要学习一门新学科"化学"了,需要给孩子买辅导书先学起来吗?遇到这样的问题,我都会给家长建议,买一本或两本孩子喜欢类型的科普读物。但有的家长不是很理解,因为初三面对中考,语文、数学、英语、物理学科的巩固提高要花很多时间,哪有时间看科普读物呢?其实不然,选对科普读物不仅能扩大知识面,而且能提高孩子学习化学的兴趣。

一、选适合的科普读物

不要多,有的同学一买就是四五本,买完之后就束之高阁,成为书架上的"不动产",最多选两本,可以从两方面去选择。

1. 激发学习化学兴趣的读物

首先你要对元素有所了解,这是基础中的基础!如果不了解元素,一切都很难进行下去,但是熟记元素及符号是枯燥的。如果能选择将元素转化成像"柯南""奥特曼"这样有吸引力的漫画、故事等,那就可以化枯燥为兴趣,潜移默化中让学生感悟化学的魅力。《视觉之旅:神奇的化学元素》正是这样一本化学科普读物。如有同学评价:"一向喜欢卡通的我是被书中精美的图片吸引过来的,然后感觉里面元素的故事不错,翻着翻着觉得很有趣,记住了很多元素,其中还有一些之前不知道的知识和有趣的实验。"有同学感慨:《视觉之旅:神奇的化学元素》让我体会到学习化学可以使人变美丽,因为"钾使身体的各部分保持运动，而钙则是使身体保持良好外形的东西"，化学真神奇，大家在不知不觉中爱上了化学。还有如《元素的盛宴》《趣味化学》等，将元素活灵活现地呈现在读者面前，生动有趣，可以激发同学们学习化学的兴趣。

2. 提升学习化学兴趣的读物

绘声绘色的元素已经激发了你学习化学的兴趣，这时需要保持和提升这种兴趣，同化学学习建立起必然的联系。化学是以实验为基础的学科，实验不仅在学校的实验室做，而且可以在家里保证安全地模仿着做。如《化学奇谈》就是一本教大家一边做实验一边学习化学的书，这些书籍不但给予大家化学知识，更重要的是培养同学们细致观察、认真思考、勤于动手的能力，在提升化学学习兴趣的同时，促进同学们的化学学习。

二、怎样阅读科普读物

1. 由易到难，善记

学习化学是循序渐进的过程，如由元素符号到化学式再到化学方程式这个螺旋上升的过程。可以先从相关元素书籍开始，对化学产生初步的兴趣，再读内容实用性强、跟课堂进度相一致的读物，作为课堂的拓展延伸。学习化学要善于记笔记，要把自己学到的新知识和自己不能理解的知识分开记录，有些比较复杂的难以理解的化学问题，需要高中之后才能慢慢学会。

2. 与化学知识联系，勤于思考

有的同学喜欢看地理杂志，其中有非常漂亮的喀斯特地貌，这就是由石灰岩组成的。石灰岩的主要成分是 $CaCO_3$，与化学中学的形态各异的钟乳石形成过程密切相关。在看科普书籍的时候会遇到硫酸,硫酸的性质、用途是什么？这类化学问题会让你对化学学习的兴趣与日俱增。当你试图解决这些问题时,你已经将化学融入了你的生活中,成为你思考方式的一部分。

3. 带着问题重点读,勤动手

通过教师讲授和课本学习,你知道自己正在学习和将要学的知识,可以有针对性地带着问题去阅读。在学习"化学变化、物理变化"时会学到金属镁燃烧的知识,《趣味化学》一书中的简单生动的实验——金属镁燃烧的片段会让你回味无穷,你还可以跟保罗叔叔一起亲自动手点燃蜡烛,观察化学现象。书中还会教你将鸡蛋放到醋中制成无壳鸡蛋等,科普读物可以弥补教材中的不足,加强学科间的联系,为持续学习提供知识基础和能力保障。

希望同学们成为化学科普读物的受益者,因为科普读物不仅可以提高学习化学的兴趣,而且可以拓展学习视野,促进学生化学思维能力的提高。

学会了,练一练

《趣味化学》里有很多简单的小实验,选择几个简易实验做一做,并用 200 字描述实验的过程。

练一练答案:略

林凤春

通读课本——揽全局

你在学习的过程中经常看课本吗?现在学习的渠道很多,如网上查、课堂记等。许多同学一到考前就翻笔记、记错题,翻阅复习资料,唯独不重视课本。有的同学即使看课本,也是走马观花。有的同学对课本置之不理,在学习的过程中忽视化学课本的重要作用,往往用看笔记代替阅读课本。其实这样脱离了课本,学习效率是会大打折扣的。课本是教育部组织有关专家、教授、有经验的一线骨干教师等依据《化学课程标准》和学科核心素养的发展,根据学生的年龄特征及社会发展需要编写的,具有不可替代的作用。所以同学们一定要重视阅读课本,做到通读课本——揽全局。下面以沪教版(上海)九年级《化学》全册课本为例,介绍通读课本的一些方法。

一、通读全书

1. 通览课本,熟悉知识结构

只有通读课本,知其结构、明其内容,才能灵活使用课本。

(1)熟悉课本的总体结构:浏览全书,熟悉全书内容,然后在头脑中勾勒出本书的轮廓。序页—目录—章节知识—附录(Ⅰ、Ⅱ、Ⅲ、Ⅳ、Ⅴ)。同学们应对四个板块有个大致的印象,对五个附录信息的内容做到心中有数,这样才可以及时找到信息。如计算时需要铜的原子量,可到附录Ⅴ第138页查找。再如目录,是对全书的提纲挈领及精华浓缩,学会看目录可以帮助我们节省时间,提高效率。

（2）熟悉课本中每章的梗概：章节的主题和重要学习内容简介—课时内容—小结与思考。通过小结与思考对本章进行要点归纳，系统复习。

（3）熟悉每一节课的板块：大致分为重要知识点—请你先说—课堂实验—学生实验—思考与练习—开阔视野—资料库—思考与复习等，每个版块都起到不同的作用，需要同学们细细咀嚼、认真品味。

2. 把握学习内容，弄清前后关系

在通读全书的基础上，弄清楚章与章、章与节、节与节之间的关系，寻找它们之间的内在规律——环环相扣、循序渐进、逐步提高。在学习时要夯实基础，为后面知识的学习搭建台阶。如第一章走进化学实验室，认识常见实验仪器、使用方法及基本实验操作，这些是实验的基础知识和基本技能，为学习粗盐提纯的实验、氧气的实验室制取等提供了有力保障。第二章氧气的性质的学习为第三章水、第四章碳及其化合物的学习铺路架桥。

二、通读每一章

1. 每章学习前通读

明晰每章的学习内容，根据学习进度，对将要学习的内容通读，对本章学习重点及课时安排，做到心中有数，遇到感觉学习困难的章节进行标注，重点攻克。如第二章浩瀚的大气，分三节课，《2.1 人类赖以生存的空气》《2.2 神奇的氧气》《2.3 化学变化中的质量守恒定律》，乍一看，2.3 节与前两节关系不是很大，又比较陌生，需要带着问题进行阅读，找到与前面已学知识的横纵联系，《1.4 世界通用的化学语言》《2.1 人类赖以生存的空气》中构成物质的微粒及相对原子量内容与化学式的计算都是学习《2.3 节质量守恒定律》的基础和保障，只有将前面的知识理解、巩固、深化，才能为学习《2.3节质量守恒定律》打好前战基础，为后面化学方程式的书写和计算扫除学习障碍。

2.每章学习后的归纳性通读

对全章知识进行由点到线，再由线到面的通读。重点读每章后的小结与思考，在思考和练习中理解掌握本章所学知识。并对知识进行梳理，使知识条理化、结构化、网络化。

三、通读每一节

1.课前预览，听课有方向

课前快速通读要学的内容，明确学习任务，在大脑中对标题和重点概念及实验等形成一个学习主线——树干。

如《2.2神奇的氧气》一节，书中开篇一行与众不同的黑体字"人类离不开氧气"及几张图片说明氧气供给呼吸。后翻一页是一行醒目的"氧气能跟很多物质发生反应"的大字，本节的学习任务已囊括在脑中，学习有了清晰的主线，即氧气的性质和用途，这就为后面听课指明了方向。

2.课后阅读，抓重点汲取精华

课堂上同学们积极思考，跟上老师的节拍，阅读课本的时间相对较少，所以课后阅读就很重要了。学生需要对本节课学习的知识巩固消化，而非泛泛而读，应抓住重点、取其精华，如氧气的性质一节，物质在氧气中燃烧的四个实验、氧化物、氧化反应、化合反应是精华，看书的时候注意聚焦重点。完成"思考与练习""思考与复习"，检验老师讲的新概念是否吸收，是否领悟实验的操作过程、注意事项、实验现象，理解实验的反应原理。对课本的知识点进行归纳总结，以主线为基础逐渐扩充到面，让知识之树枝繁叶茂。

四、通读课本，构建单元网络

学完一本书，应从单元的视角进行高度的概括总结，对所学知识的相互关系、内在规律进行梳理完善。如图所示，是小李同学对气体制备知识的归纳。

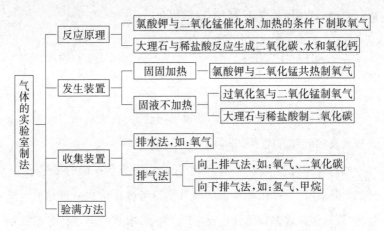

另外，要了解重要知识点、装置图等在课本中的位置，复习时能快速找到。如过氧化氢制取氧气的装置图在课本第 54 页，分液漏斗的优点在上数第四行"调节加入过氧化氢溶液的速率，使反应平稳地进行"，启普发生器装置在 119 页等。总揽全局的过程不仅是对重点知识的复习，更是对知识的查漏补缺。书中的图片及"拓展视野""资料库"等栏目内容都成为解决问题的支点，不可忽视。如 22 页过滤的图示，滤纸的边缘低于漏斗的边缘，烧杯紧靠玻璃棒倾倒液体，漏斗下端尖嘴处紧靠烧杯内壁等。讨论问题迎刃而解，课后习题第 3 题也就顺利解答。"拓展视野"在帮助理解概念、培养兴趣上功不可没，不要小觑。

课本是义务教育阶段知识学习的主要来源，是学习活动的基础，是教与学检测评价的重要依据,同学们一定要认识到阅读课本的重要作用。

从今天开始,行动起来吧!

林凤春

课前预习——读、写、问

在一次初三期中考试年级大会上，"有效的学习方法"介绍环节，来自语文、数学、英语、物理、化学学科的排头兵分享了他们的学习方法和心得，无独有偶地提到了课前预习。

且听化学学霸小高同学的分享：

上初中以来我就养成了课前预习的习惯，初二接触到一门新学科物理，很多同学都觉得难学，但我因为在初一结束的暑假就找来物理课本开始预习，先熟悉概况，大致了解了物理要学习的内容，再认真阅读了前两章的内容，为初二物理学习做好准备。预习的过程中，我对预习的内容做好记录，一是记录自己会的知识，用简单的概念图、公式等简记，因为这些内容书上有，不必记得太详细；二是重点记自己不会的内容，特别是不懂的定律和实验原理要做重点标记，待课堂上老师解决或课下寻求正解。在预习的过程中多问几个为什么？带着问题听课，能更好地抓住重点，有计划地做好预习，是提高成绩的重要方法，所以我的成绩一直比较稳定。今年又迎来了新的学科化学，预习使我的化学学习变得轻松愉快，半个学期的学习，我对化学的学习兴趣与日俱增，这归功于我初二结束后暑假对化学的预习，熟练掌握了元素符号、化学式及一些基本概念。开学之后，化学老师指导我们课前预习的方法——读、写、问，尽量在每节课之前预习下一节课要讲授的新内容，学什么，就预习什么，既用时少又有针对性，

这使预习效果更上一层楼。下面以《3.2 溶液》第一节为例介绍一下我课前预习的具体做法:

一、读

先把新课内容通读一遍,通读并不是"走马观花",而是找到与旧知识的联系,以旧生新,以新促旧。《3.1 水》学习了水的特性,了解了其具有极强的溶解和分散能力,是一种常见的溶剂。物质在水中可以形成溶液、悬浊液、乳浊液。与本节课物质的溶解性内容联系密切,溶液中的溶质、溶剂的种类决定物质的溶解能力;把新课内容仔细读一遍,本节课主要是学习物质的溶解性、饱和溶液和不饱和溶液;课本通过对比实验说明影响物质的溶解性的因素,与我们日常生活联系比较密切,如冲糖水,用热水比用温水溶解得快,并试着做一做课本上的实验,加强知识的熟记。而饱和溶液与不饱和溶液应该是本节课的重点也是学习的难点,我多花了几分钟重点读,力求在理解的基础上记住概念,独立思考解决饱和溶液与不饱和溶液的转化方法,对于实在想不通的地方就用笔及时写下来,提醒自己上课跟着老师的思路解决。

二、写

会的内容简略写,书上有的很容易懂的知识简略用图示等写出概要,如物质的溶解性这一知识点,可用简单的试管实验描述,溶剂不同同一物质的溶解情况不同,不同物质在同一溶剂中的溶解情况不同,以冲糖水的简单生活事例描述温度影响物质的溶解性。再如,小王同学用图示一目了然地将稀释前后溶质的质量不变情况展现出来,如图1所示。

重点疑问特殊写,如饱和溶液概念中特别强调了"一定条件下"

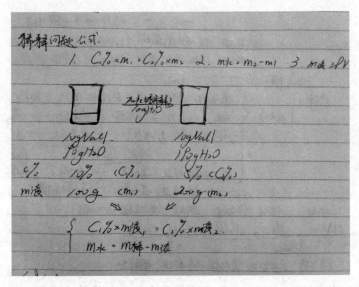

稀释问题公式

1. $C_1\% \times m_1 = C_2\% \times m_2$　2. $m_{\text{水}} = m_2 - m_1$　3. $m_{\text{液}} = \rho V$

加水（加溶剂）
$100g$

$10g\ NaCl$
$90g\ H_2O$

$10g\ NaCl$
$190g\ H_2O$

$C\%$　　10%　$(C_1\%)$　　　$5\%\ (C_2\%)$

$m_{\text{液}}$　　$100g$　(m_1)　　　$200g\ (m_2)$

$$\begin{cases} C_1\% \times m_{\text{液}_1} = C_2\% \times m_{\text{液}_2} \\ m_{\text{水}} = m_{\text{稀}} - m_{\text{浓}} \end{cases}$$

图 1

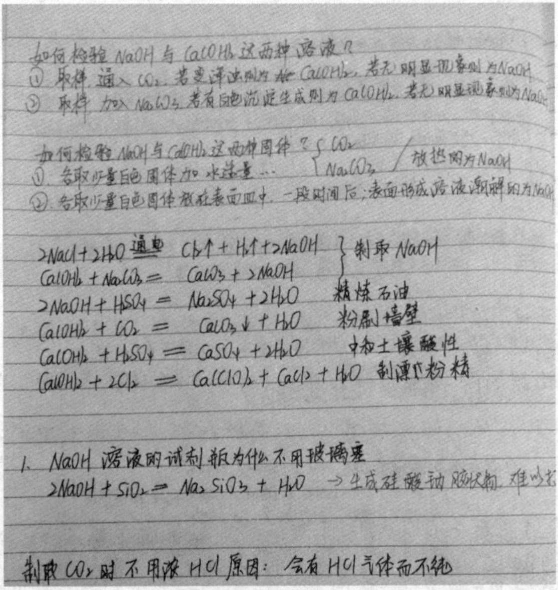

如何检验 $NaOH$ 与 $Ca(OH)_2$ 这两种溶液？
① 取样 通入 CO_2，若变浑浊则为 $Ca(OH)_2$，若无 明显现象则为 $NaOH$
② 取样 加 Na_2CO_3，若有白色沉淀生成则为 $Ca(OH)_2$，若无 明显现象则为 $NaOH$

如何检验 $NaOH$ 与 $Ca(OH)_2$ 这两种固体？$\begin{cases} CO_2 \\ NaCO_3 \end{cases}$ 放在潮湿 空气中 $NaOH$
① 各取少量白色固体加入水溶解……
② 各取少量白色固体放在表面皿中，一段时间后，表面潮湿成溶液潮解的为 $NaOH$

$2NaCl + 2H_2O \xrightarrow{\text{通电}} Cl_2\uparrow + H_2\uparrow + 2NaOH$　$\}$制取 $NaOH$
$Ca(OH)_2 + Na_2CO_3 = CaCO_3 + 2NaOH$
$2NaOH + H_2SO_4 = Na_2SO_4 + 2H_2O$　　精炼石油
$Ca(OH)_2 + CO_2 = CaCO_3\downarrow + H_2O$　　粉刷墙壁
$Ca(OH)_2 + H_2SO_4 = CaSO_4 + 2H_2O$　　中和土壤酸性
$Ca(OH)_2 + 2Cl_2 = Ca(ClO)_2 + CaCl_2 + H_2O$　　制漂白粉精

1. $NaOH$ 溶液的调剂瓶为什么不用玻璃塞
$2NaOH + SiO_2 = Na_2SiO_3 + H_2O$　→ 生成硅酸钠 粘状物 难以打开

制取 CO_2 时不用浓 HCl 原因：含有 HCl 气体而不纯

图 2

"一定量的溶剂""这种溶质在这种溶剂里"；饱和溶液变不饱和溶液、不饱和溶液变饱和溶液的方法等是本节课的重点，在预习中遇到弄不懂的问题，用红笔写下来，如图2所示。

三、问

预习不发问等于没预习，如带着疑问："一定条件下"指的是温度吗？为什么是"这种溶质在这种溶剂里"呢？怎样判断某硝酸钾溶液是饱和溶液还是不饱和溶液？假设在该溶液中加入一定量的硝酸钾固体，仍然有固体不溶解，能说明原溶液是饱和的吗？（如果只溶解一点，无法明显看到），这样带着疑问、难点进行听课，听课的效率就会提高。以上是我的预习方法分享，希望对大家能有帮助。

听了小高同学的介绍，是不是有很大收获呀？"凡事预则立，不预则废"。课前预习，是学好化学重要的一个环节。预习要有效，需要掌握良好的预习方法，预习时，眼到（读）、手到（写）、脑到（问），三者并用，才能提高预习效率。另外，预习尽量是在做完各科作业之后，合理安排时间，协调好各学科，根据内容分配时间，预习要自律，更要坚持不懈。

学会了，练一练

对将要学习的一节课如《溶解度》进行预习。

林凤春

课内学习——听、记、思

学好化学并不难,课内学习是关键。课内十分钟,赛过课外一个小时。那么如何抓好课内的化学学习呢? 需要掌握化学课内学习三部曲——听、记、思。

一、听是关键

会听课是学好化学的关键,会听才会赢。怎么做到会听课呢?

1. 聚精会神地听课

课堂上,老师会将一节课的知识点包括重点、难点等,以不同的方式方法倾囊相授,无论是新课、复习课还是试卷讲评课,都极为重要。学生课堂上如不能专心听讲,就不能又快又好地完成作业,课后就需要花大量的时间炒夹生饭,难吃又难咽。课堂不可复制,要学会一次性听明白老师的讲解。要聚精会神地听,紧跟老师的节奏,把注意力集中在老师的讲台上,打开思维的闸门,不仅听老师反复强调的内容,更要听老师分析问题、解答问题的思路及方法。

2. 传情互动地听

听课时不能只用耳聆听,更要学会观察老师的肢体语言,老师的点头蹙眉、特意停顿等,都传达一定的信息,可以加深同学们对概念的理解和辨析。如老师在讲"化合反应"概念时,会在"生成"与"另一种物质"之间停顿,着重提醒同学们化合反应的特征是:生成的是"一种"物质。同时注重与老师进行眼神、表情的交流,你全神贯注地听课，你的眼神会吸引老师的注意力，老师会从你疑惑的表情中得到反馈，如果发现哪个知识点同学们还有疑惑，就会重点强调或强化练习，你成了老师课堂反馈的表情包，你的听课进入佳境，学习兴趣也会高涨。

3. 不放弃课堂最后几分钟

一堂课 40 分钟，全神贯注不走神地听 40 分钟，是很难做到的。有经验的老师也不会讲 40 分钟。课堂开始，往往是复习上节课的知识，引入问题，以旧入新，带学生进入学习状态。重点知识老师会反复强调。最关键的是下课铃响前宝贵的几分钟，此时往往是老师对本节课提纲挈领的高度概括，也是本节知识点精髓部分的梳理升华，所以课堂的最后几分钟更要集中精力听，课后才能更轻松，功在课内，效果在课外。

二、记是保障

不论怎么努力地听课，也不可能把老师讲的重点照单入脑，所以除专心听课外，认真及时地记笔记是学好化学的一个重要保障。在记笔记时，必须讲究方法。

1. 记重点，记流程

要在专心听讲的前提下，在听清楚老师所讲内容的基础上，记重点、要领、疑点，记教材的补充，记没听懂的内容。另外，要在难点和有疑问处用色笔做特殊标注。要善用流程图、逻辑图将主要步骤和知识间的内在联系展现出来，待课后吸收内化，如图 1 所示。

2. 记笔记与时俱进

现在，数字化设备进入课堂，大多数老师的板书被 PPT 替代，老师讲解和 ppt 的翻页速度远远超过我们记笔记的速度，这时听课和

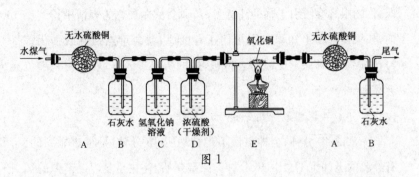

图 1

记笔记发生了矛盾,怎么办?通常情况下,以先听老师对问题的剖析为主,弄清解决问题的思路,知道知识的来龙去脉更重要,此时可快速记一两句重点,下课马上跟进;如果遇到难题、典型的例析,可先把笔记记下来,还要有留白处,便于补充完善。

3. 记错题的解决方法

错题是个宝,复习迎考少不了。对错题认真记下正确答案,写出老师详细的解题步骤和实验设计方案,以及好的解题方法,课后复习将受益匪浅。

三、思是核心

学习的核心是思考,课堂上的思考更是必不可少,学会思考可以促进思维能力的提升,智力的发展。

课堂多思,课堂上要多问几个为什么?怎么样?如硫与氧气反应的现象,为什么空气中和氧气中不同?为什么不是物质与氧气而是物质与氧发生的反应叫氧化反应等,要有疑有问,有问能答,会答。积极参加课堂讨论,敢于质疑矛盾,如呈酸性的溶液一定是酸溶液吗?敢于与老师交流甚至辩论,如小李同学和老师辩论:"为什么不能用排水法收集二氧化碳气体,即使二氧化碳溶于水也是少量的呀?"苏格拉底说:"没有一种方式,比师生之间的对话更能提高沟通能力,更能启发思维技能。"课堂上勤思善问不仅能使当堂所学知识快速消化、理解,而且能锻炼和培养学生的思维能力及表达能力。

课内学习到位,课外学习就轻松。把握好课内学习的听、记、思会起到事半功倍的效果,你的化学成绩一定会突飞猛进!

林凤春

有效记笔记——康奈尔笔记法

"好记性不如烂笔头"是家长常常挂在嘴边的一句话,意思是再好的记忆力也不如用笔记下来。在恰当的时候做笔记是非常重要的,可以辅助记忆。接下来我们谈谈如何有效地记录与使用笔记。

美国康奈尔大学的研究者曾总结出一种有效的笔记方法,取名为康奈尔笔记法。结合初中化学学科特点,我们可以把笔记本的一页分为主栏、补充栏、总结栏三大块,样式如下图所示:

课程名称 章节 听课日期时间	
主栏	补充栏
总结栏	

具体来说,就是用红笔将笔记本的三分之二的区域画一条线,在这一页纸的最下面5行处也画一条线,如上图所示,记录的时候可以按照5R步骤来实施。

1. 记录(Record)。在听课过程中,在主栏区域内记录老师上课的板书，PPT，规律性、总结性、有意义的概念，物质性质，实验现象、结论等讲课内容。记录的内容应包括：

（1）提纲

每当老师在黑板上列提纲时，同学们都要将内容记在笔记上。因为纲领是复习时的法宝，通过提纲，很容易将课本知识串联起来，然后重点记忆，而非漫无目的地翻课本。

（2）问题

课堂时间几十分钟，不能保证老师讲的你都理解，把课堂上没有弄明白的问题抓紧记下来，以便课后及时请教老师或同学。

（3）疑点

课堂上你可能对老师所讲的内容产生疑问，或许是因为自己的理解能力，或许是老师的失误，都把它记下来，课后主动去找老师一起解决。

（4）方法

课堂中老师所传授的做题技巧和方法，一定要记在笔记中，把这些技巧与方法运用到实际解题中，可以提高做题效率与正确率。

（5）总结

老师一般会在下课前几分钟总结一下本节课所学习的内容，"重要的事情说三遍"，老师提的次数越多，越说明这个知识点的重要性，这时候你需要做的就是做好标记，以便课下有重点地复习消化。

为了加快记笔记的速度，对于已经或反复出现的内容，可以用自己特定的符号来代替，比如问题——wt 或 Q；eg.——例如；cf.——比较；∵——因为；∴——所以；etc.——，等等。

2. 简化（Reduce）。笔记不是越多越好，为了让笔记更加精准，什么值得留在笔记中，什么不值得留在笔记中，根据实际情况进行筛选、排序或删除,保证笔记的"简明性"。尽可能及早将知识简明扼要地概括在补充栏里。

3. 背诵(Recite)。把主栏遮住,只用补充栏中的摘记提示,尽量完整地叙述课堂上所讲的内容。

4. 思考(Reflect)。将自己的听课感悟、知识关联、经验方法等内容与讲课内容区分开,写在卡片或笔记本的某一个单独部分,加上标题和索引,编制成提纲或摘要,分成类目,随时归档。

5. 复习(Review)。每周一定时间快速复习笔记,主要先看总结栏,酌情看主栏和补充栏。

这种记与学、思考与运用相结合的有效方法,快去试一试吧。

学会了,练一练

运用康奈尔笔记法记录和复习笔记。

庄　璟

课下复习——过电影

我国伟大的教育家孔子在 2 500 多年就提出了"学而时习之,不亦乐乎""温故而知新"等学习方法,可见复习的重要性。温习已学的知识,并且由其获得新的领悟,复习更是在原有基础上的提升。所以,课下及时复习——过电影,能起到事半功倍的效果。

小吴同学笔记记得非常工整,内容详尽,色笔区分重点、难点,疑问处用符号提示,化学流程题环节画得一清二楚。如图 1 所示,看她的笔记,可以学到很多知识和方法,很多同学都借她的笔记来完善自己的笔记。能记这么好的笔记,你相信她的化

① 与活泼金属反应放出氢气
$2HCl + Mg = MgCl_2 + H_2\uparrow$
$2HCl + Zn = ZnCl_2 + H_2\uparrow$
☆ $2HCl + Fe = FeCl_2 + H_2\uparrow$
② 与金属氧化物反应
$6HCl + Fe_2O_3 = 2FeCl_3 + 3H_2O$
现象:红棕色固体溶解,溶液变为黄色
$H_2SO_4 + CuO = CuSO_4 + H_2O$
现象:黑色固体溶解,溶液变为蓝色

图 1

学成绩不好吗?但是她的成绩确实有一段时间是班级老大难。为什么?我拿她的笔记和她交流,随意提问她笔记上红笔的重点标注。如让她写出铁和盐酸反应的化学方程式,她却将生成物写成了氯化铁。可见她没有将笔记内化到大脑中,笔记成了知识的储藏室,长期不用的话就成了废弃物。所以我指导她课下及时复习——"过电影"。

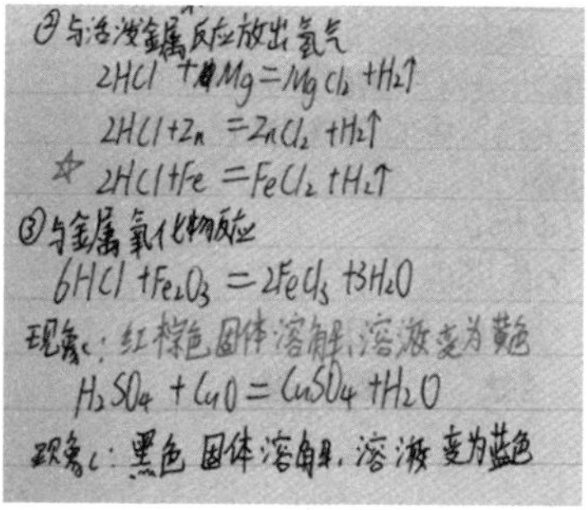

1. 课间一分钟"过电影"——识记内化

为什么是一分钟呢?因为初三一天要上很多新课,课间时间有限,每天挤出课间一分钟来复习是很容易做到的,在用一分钟复习

时,根据内容可能不知不觉延长到两三分钟也是可能的,这样坚持不懈,效果就出来了。

再说"过电影"的方法。我们都看过电影或电视剧,都有这个感受:看好一部电影,许多精彩片段、扣人心弦的镜头都会储存在脑海中,什么时候想"调看",就能浮现出来,且不受时空的限制。学习知识也是如此。知识如同电影的情景一样,有的存储在教科书上,有的存放在笔记本上等,要及时地"过电影"才能内化。化学知识零散易记更易忘记,重难点更是忘得快,所以需要我们及时复习刻在脑海中。利用课间一分钟"过电影",可以及时消化新知识。因为刚刚获取的新知识特别是重点很难记牢,及时复习才能将刚接触到的重点信息留在脑海中,这也是识记内化的过程。具体做法是课间挤出一分钟:

(1) 拿出笔记本,放在课桌上。

(2) 开始"过电影"。

将老师上课讲的重点内容,例题的讲解等,快速"过电影",这样红笔标注的内容很容易在脑中突显出来。如稀盐酸的性质,当过到铁和盐酸反应生成什么物质时,想不起来了,试着写一下,写不出来,再看笔记。

(3) 翻开笔记,原来生成的是氯化亚铁,又一次得到巩固。

(4) 合上笔记,再写一遍,这一知识点就内化到大脑中了。

2. 作业前用两分钟"过电影"——理解加固

课堂学习的内容短时储存在大脑浅层,只有不断重复才能巩固理解,所以在还没忘记时乘胜追击,将课堂所学的内容完整地"过电影"。从一上课老师的提问,到新课内容的讲授、强调的重点、课尾的归纳等,一幕幕摄入脑中,遇到想不起来的内容,用笔记下来,继续前行，直到本节课的镜头过完，然后处理所记的问题，再翻看笔记或教材等寻找答案，用红笔完善笔记。这样不仅将老师讲的内容与笔记上所记的内容融合，巩固理解，而且由于胸有成竹，所以做题轻松，既节省了完成作业的时间，又提高了学习效率。

3. 作业后三分钟"过电影"——融会贯通

知识只有在应用中才能融会贯通，做作业是知识的应用过程，会遇到这样或那样的问题，经过思考后很多方法值得珍藏。同学们应把课前预习、课堂学习、复习、作业的方法等串联起来，完善到笔记中。再用三分钟"过电影"，可以将所学知识融会贯通。

小吴同学经过老师指导，每天坚持课后复习，学习成绩有了很大提升。

学会了，练一练

试着每天坚持一、二、三分钟课后复习——"过电影"。

林风春

课后作业——须"双规"

假期前,我新接了一个初三班级担任班主任,按照惯例设计问卷,从学习兴趣、学习态度、学科的优势和不足、期待提高的学科、作业时间等方面了解学生的一些情况。统计后发现学生作业时间普遍较长,许多同学都要做到 23 点以后。我想,这才初二,学习语文、数学、英语、物理四门学科,到了初三加上新开设的化学,那得多晚啊!

在之后的个别访谈中获悉其中的多种原因:学校自修课没有利用好,课上没听懂,晚上被一道题卡住做不下去,不会做的题目用搜题软件查答案,晚上乘家长不注意玩手机、刷抖音、看小说……长此以往,睡眠不足不但会影响学生的身体健康,还会使第二天的课堂效率大打折扣。

于是我给同学们提了几点建议:第一,课堂上一定要注意力高度集中,及时获取老师新讲授的物质的概念、性质等规律性的知识,并通过课上训练加以巩固。第二,薄弱学科的作业争取在校内解决,尽早做完给老师批改、订正,不把问题带回家。第三,做作业必须"双规"。

"双规"原来是指中央纪检部门采取的一种特殊调查手段,在规定的时间、地点交代问题,是非常严肃的。而做作业时候的"双规"则是指在规定的时间内完成规定数量的作业。

如何"双规"完成作业呢?建议同学们可以尝试运用"番茄工作法"。该方法是由弗朗西斯科·西里洛于 1992 年创立的一种简单易行的时间管理方法,25分钟专注做一项学习任务,期间不允许做任务无关的事情,之后的5分钟用于休息调节,休息期间上厕所、喝水、眺望远处放松眼部肌肉等。

具体操作可以先在学校作业记录单或家校本上记录每天作业的任务,做好规划,然后根据自己的经验估算作业的完成时间,完成的顺序一般原则是先易后难,从作业少的学科开始,做完一项勾一项,这样做会让你有成就感,勾和勾之间的时间相对较短,25分钟时间专心做作业,把手机或者其他电子产品关机或者放置在另一个房间中,不论遇到什么诱惑或者干扰都不要搭理,这样就可以心无旁骛地专心学习,提高学习效率,保持任务完成的兴奋度,也有利于水平的发挥。

今日待办表格:

		年　月　日

庄　璟

挑选教辅——互补法

开学前后,有不少同学和家长在书店的教辅区进行选购:比较教材版本,看出版日期,对比线上线下价格……各个环节都一丝不苟。在书城我还看到过拖着行李箱的家长,他表示开学等于"开跑",教辅书就是"装备",贵也不能少买。对于教辅书,你真的了解吗?

教辅书,顾名思义是教学辅导书,是辅助和指导学生学习的书籍,其功能是让学生更加深入地理解教材知识,涉及领域往往超越课本内容。教辅书大致可分为三类:

1. 同步学习类

这类教辅书是与教材课程内容同步,辅助和指导学习的图书,一般书名中有同步、随堂、课课练、教材全解等字眼。这类教辅书编排顺序往往是按照教材章节的先后,一般包括同步知识概括精解、例题解析、习题训练、章节测试、期中期末模拟题、参考答案等内容。

2. 试题集

试题集类教辅书包括试题和参考答案,书名中一般都有汇编、题库等字眼。这类书编排的顺序是根据知识版块、复习专题、年份等,汇编了近年的地方考试真题或同一知识点的诸多练习题等。

3. 专题复习类

专题复习类教辅书是指在同步学习后,针对考试,根据考纲(或考试手册、终结性评价指南或学科教学基本要求等)编写的用于考试复习的教辅书。该类教辅书的功能主要是梳理一定学段所有的知识,并按一定的逻辑顺序提升学生对所学知识的综合运用能力。

了解了教辅书的意义、功能和分类,那应该如何挑选教辅书呢?以初中化学为例,有三个关键词。

建议一:互补

挑选教辅书要目的明确,这里的互补有两层含义,一是教辅书之间的互补,有的同步教辅书中的知识梳理、例题解析非常好,有比较详细的整理归纳,有方法多样的解题策略,但所选配套题目较早,或者一些部分不会再在中考中出现,此时可以选择一本近年真题汇编习题集。第二种互补是学校里使用的同步辅导书,有些同学对于单一知识点的题目掌握较好,可以选择综合度较高的专题复习类教辅书进行自主提高。

建议二:品质

同质的辅导书很多,有的是标题党,如必做、必备,有的冠以学霸、状元……挑选教辅书不能只看书名,而要注重质量。对于盗版书的辨认,现在商家的仿真技术越来越高,一般人难以从防伪标识上识别,但翻开书本仔细看,从印刷的墨色均匀度、图标清晰度、纸张质量、切口整齐度等都可以发现一些"漏洞"。要看看书里面有没有太明显的错误,纸质如何,纸的颜色刺不刺眼睛,保险的方法是在大型书店选择口碑较好、大型出版社的正版教辅书。

建议三:少而精

每年6月中考后,不少学生和家长会把不再使用的教材和教辅书卖掉,这时才发现不少书从没做过,也有的做了一两页就弃之不用了,买来的时候是几十元一本,当废纸卖掉也就几毛钱一斤,没有产生应有的效用,着实可惜。所以选择教辅书一定要少而精,不求量大,应该是根据自己的需要,买一本做一本,把书中可以弥补或巩固自己学习不足的题目做完,弄懂弄透彻才更有意义。

学会了,练一练

根据文中挑选教辅书的方法,选择一两本教辅书,说说挑选的理由,并规划使用的时间和频次。

练一练答案:略

庄　璟

巩固提高——训练法

《庄子·养生主》中讲过庖丁解牛的寓言故事,同学们一定都听过吧,这个故事告诉我们,世上事物纷繁复杂,但只要反复实践,掌握了客观规律,就能得心应手,运用自如。

中学化学知识多而杂,要掌握其综合交错的变化规律,也要像庖丁一样,反复实践,从而达到巩固提高的效果。

《现代汉语词典》中对于"训练"的定义是:有计划、有步骤地通过学习和辅导掌握某种技能。关键词是有计划、有步骤。化学学习要扎实掌握,需要有计划、有步骤地训练。那应该如何安排呢?

一是"四基"训练。

化学这门学科比较特殊,初三开设一年,既要入门,打好基础,又要培养和提高能力,应付中考,跨度比较大。但是化学课又有自己的优势,只有上、下两册教材,它涉及的知识相对其他学科比较少,要想把它学好牢记,相对而言不是很难,是一门容易得高分的科目,每天新课结束后对老师当天讲授的"四基"应有计划地安排及时复习,"四基"是指基础知识、基本方法、基本技能、基本思想。比如说空气中氧气约占总体积的 1/5 就是基础知识,控制变量法和对照实验就是化学研究的基本方法,胶头滴管和量筒的使用是基本技能,守恒思想是化学遵循的基本思想,等等。化学要想得高分,一方面固然要熟练记忆,另一方面应多通过训练回忆这些知识,并训练教材和配套练习册中的题目来熟练掌握。

例题1:进行粗盐提纯实验,请回答下列问题:

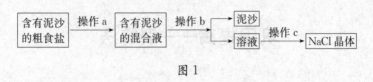

图1

(1) 操作 a、b、c 依次为_____、_____、_____。

(2) 三个操作中都用到的一种玻璃仪器是_____,这种仪器在操作 b 中所起的作用是_____。

(3) 最后称得 NaCl 的质量偏低,则可能的原因有_____(填字母)。

A. 过滤时滤纸有破损

B. 蒸发时有固体溅出

C. 溶解含有泥沙的粗食盐时,加入的水量不足

解析:本题是粗盐提纯的基础题,涉及基本实验操作、实验步骤、误差分析等。

(1) 操作 a、b、c 依次名称为溶解、过滤、蒸发。

(2) 在以上三项操作中都需要用玻璃棒,操作 b 中玻璃棒的作用是引流。

(3) A.过滤时滤纸有破损,会导致部分泥沙进入滤液中,从而导致产率偏高;B.蒸发时有固体溅出,会导致部分氯化钠损失,从而导致产率偏低;C.溶解含有泥沙的粗食盐时,加入的水量不足,会导致部分氯化钠不能溶解,从而导致产率偏低。故选 B、C。

二是专题训练。

在"四基"的基础上进行专题复习,有些同学会忽略教材和配套

练习册,一位中考化学满分的沈同学曾在中考后说:"我的最大心得便是化学在于'熟练','熟'就是熟悉,熟悉各种化学方程式,各种物质的性质。化学知识细而多,我特别注意对化学知识点的记忆,记忆时我常通过对比、联想等方法来进行,因为这样效果比较好。'练',就是'练习',在练习中开拓思维空间。各种练习题中的有价值的经验都要积累,做过一道题后,我都会想一想,总结一下它考查的知识点、思考的过程,答题的格式、语言注释的必要性等等。此外,相同题型的汇总与分类,解法心得,都会记入题集本,建立这门课的知识结构'小金库'。"

例题 2:如图 2 所示,具有启普发生器工作原理的装置是:

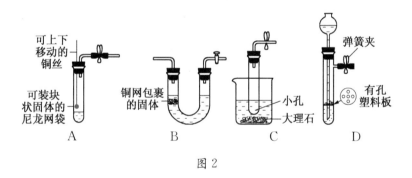

图 2

解析:启普发生器是上海各类综合卷中一定会出现的必考点,适合专题训练加以突破。启普发生器是由荷兰科学家启普发明的,该装置适用于反应物是块状固体和液体,反应不需要加热制取气体,其优点是可以控制反应的发生和停止,也就是平时常说的"随开随用,随关随停"。其工作原理是利用容器内气压的变化,使固体和液体接触或分离。选项 A 具有一定的蒙蔽性,通过上下移动铜丝可以使包裹在尼龙网袋里的固体反应物与液体接触和分离,但该操作是手动操作,并不是利用了气压的变化。选项 B 的铜网包裹的固体应与导气管在同一侧。选项 C 中大理石应放在有小孔的破试管内,否则固体和液体始终接触着,则不能控制固体和液体的接触和分离。选项 D 夹紧弹簧夹后,产生的气体不能进入空气,造成试管内压强增大,液面下降,长颈漏斗内液面升高,固体和液体脱离接触,反应停止。所以本题答案选 D。

三是全真模拟训练。

学化学要讲点题海战术。学化学,应对考试,全真模拟训练是十分有效的。在复习阶段,限时、规范的训练是值得推荐的方法。限时就是按照考试的规定时间,比如中考化学 40 分钟完成,就可以安排 30—40 分钟的时间训练一套综合卷,身临其境地模拟考试场景,完成后根据评分标准进行批改,如果根据评分标准还有不会或似懂非懂的题目,一定要及时请教老师解决,更有效的方法是老师帮着分析 3—5 套卷子,找出错题和丢分的共性,指导后续改进和强化。这样有效训练之后,考试你会发现至少约 80% 的题都见过、做过,心中自然不慌,会感到胜券在握,这样成绩自然差不到哪里去。

例题 3:煅烧石灰石可制得氧化钙(假设石灰石中的杂质不参与反应,且不含钙、碳元素)。测得煅烧后剩余固体中钙元素与碳元素的质量比为 20:1,则石灰石中已分解的碳酸钙占原碳酸钙的质量分数为(   )。

   A. 40.5%   B. 50.0%   C. 83.3%   D. 100%

解析:煅烧石灰石,即碳酸钙高温分解生成了氧化钙和二氧化碳,随着碳酸钙的分解放出了二氧化碳,根据碳酸钙高温分解生成了氧化钙和二氧化碳,剩余物中不含碳元素,固体中钙元素和碳元素的质量比从40：12(10：3)逐渐减少直到为零,再根据碳酸钙中钙元素与碳元素的质量比与剩余固体中钙元素与碳元素的质量比,可知已分解的碳酸钙占原碳酸钙的质量分数。煅烧后剩余固体中钙元素与碳元素的质量比为20：1,则钙原子和碳原子物质的量之比为6：1,而碳原子只能来自未分解的碳酸钙,可以设为1 mol,则剩下的5 mol钙原子都来自分解后得到的氧化钙,所以已分解的碳酸钙占原碳酸钙的质量分数为$\frac{5}{6} \times 100\% = 83.3\%$,故选C。

很多试卷的压轴选择题类似,运用到守恒的思想。看来,对题海战术也应具体问题具体分析。对于化学这种偏记忆的学科,通过做大量习题来熟悉相关知识,帮助记忆,确实可以事半功倍。

学化学和学中医有几分相似：在中医学里,有很多的药材,学中医的人要记它们的名字、特征,以便更好地区别它们,还要记住它们的特性、用途等,以便很好地使用它们。开药方时,医生要根据病人所患的疾病,选择有治疗功效的药材,组成一张药方。有时候,对同一种病,可能有多种药方,医生根据病情的轻重及病人的体质选用合适的药方。在配药时,医生还要根据不同药材的特性,判断它们会不会"相冲"。学化学也是这样,要记物质、元素的结构、性质,还有化学方程式,然后对它们进行适当的组合、运用,最终得到你想要的结果。

学会了,练一练

1. 做木炭还原氧化铜实验,一段时间后停止加热,测得剩余固体中铜元素与氧元素的物质的量之比为7：5,则已反应的氧化铜与剩余氧化铜的质量比是(　　)。

　　A. 1∶1　　　　B. 2∶5　　　　C. 5∶2　　　　D. 3∶2

　　2. 现有一包 $CaCO_3$ 和 CaO 的固体混合物。已知 Ca 元素与 C 元素的质量比是 5∶1,则此混合物中 Ca 元素与 O 元素的质量比是(　　)。

　　A. 15∶16　　B. 15∶14　　　C. 5∶4　　　　D. 15∶8

　　练一练答案: 1. B; 2. B

庄　璟

巧妙记忆——联系法

初中化学知识点多而分散，需要记忆的知识较多，符号、概念、原理、公式等，易记更易忘，仅靠老师用心地讲、学生使劲地记，既浪费时间，又没有效率。如果能在多而散的知识间建立一定的联系，找到记忆的妙法，使知识刻在记忆深处，那学生的学习效率就会大大提高。

一、实物联系，聚沙成塔——记牢化学符号

化学符号是学习化学的基石，可是同学们刚接触时，觉得一个个符号好抽象呀，既枯燥又难记，有很大的畏难情绪。怎样快速记忆又不厌倦呢？一次暑假家访小赵同学，为他的学习方法点赞。那就看看小赵同学的方法吧：

将化学符号与日常用品联系形成条件反射，让刻板抽象的符号动起来。小赵同学在书桌上方贴着一张放大的元素周期表；再看水杯上贴的 H 氢，O 氧，H_2O 水；家里的食盐盒上贴上 Na 钠、Cl 氯、NaCl 氯化钠；牙具杯上贴着 Ca 钙、C 碳、$CaCO_3$ 碳酸钙，更

你不吸 O_2（氧气），
也不呼 CO_2（二氧化碳）
也不喝 H_2O（水）
那我们一起记，化学符号吧！

有意思的是桌边的宠玩小狗成了化学语言交流的窗口,小狗嘴里叼着的卡片:Na(钠)好卡片,不要弄 Mg(镁)了,明天换 Zn(锌)的。

他还拿给我看换过的卡片:"你不吸 O_2(氧气),也不呼出 CO_2(二氧化碳),也不喝 H_2O(水),那我们一起记化学符号吧!""做菜要用 Fe(铁)锅,找遍厨房没有 Al(铝),终于找到藏在温度计里的 Hg(汞)了,你 Li(锂)解一下吧。"就这样卡片上的符号过关了就换一张新的,在潜移默化中不仅 21 种元素及符号、常见的化学式倒背如流,而且周期表中的前四行(前四周期)的元素及符号也都记住,还能对号到周期表中的位置上。

怎么样,小赵的方法是不是值得借鉴?先入为主、少量多次、实物联系、聚沙成塔的方法,既能避免集中学习造成记忆的乏力,又能加快前行的步伐。由于小赵同学打牢了化学用语地基,所以从元素符号到化学式的书写到后面化学方程式的书写,一路都是班级乃至年级的领跑者,化学成绩一直名列前茅。

二、新旧知识联系记忆

化学学习环环相扣,前面的基础知识打不牢,会影响后面新知识的学习,同样在学习新知识时如果不同旧知识建立联系,孤立地记忆新知识很容易忘记。教研员姚秋平老师曾说过:"以新带旧、以旧生新,新旧知识有机融合"是一种重要的学习方法。如果将新旧知识有机联系起来记忆,就会促进新知识的灵活运用和新旧知识的融会贯通。

例如,学习二氧化碳的实验室制法时,联系前面所学的氧气实验室制法来加强记忆,这样既巩固了旧知识,又加深了学生对新知识的理解。

	氧气的实验室制法	二氧化碳的实验室制法
反应原理(药品选择)		
反应物状态		
反应条件		
发生装置		
收集方法		
验满方法		
具体操作		

在新旧知识的联系中，气体实验室制法的原理、装置、收集方法、验满方法及具体操作都得到了深化理解。

三、转化有趣的口诀、幽默的语段记忆

化学的一些实验操作步骤和现象多而杂，如能将其转化成有趣的口诀和幽默的语段记忆，会加快学生对知识的掌握和应用。

例如，实验室用氯酸钾制氧气，用排水法收集氧气，操作步骤多，注意事项也多，同学们在学习时总是容易弄错实验步骤，如果将实验的每个步骤的精华提取出来，就是"查—装—定—点—收—离—熄"七个字，再联系到"茶、庄、定、点、收、利、息"这七个字。同学们到茶庄喝茶不要忘记付钱给利息！"七字方针要记清、制氧先查气密性、气泡均匀开始收、先移导管后熄灯"，实验的整个步骤和注意事项就牢牢记住了。在面对考试屡次出现"到底是先移导管还是先熄酒精灯及反操作的后果"等问题时，就能自信落笔、从容作答。再例如，氢气还原氧化铜的实验，纯净的氢气要先通一会排净装置内的空气再加热，实验结束先熄灭酒精灯，再继续通入氢气至试管冷却为止。可形象的记忆为"酒精灯迟到早退，氢气早来晚走"。还可将现象和步骤联系起来："包公静卧水晶宫，清风迎面吹进宫，忽有烈火吹进房，

烧得包公变云长,烈火退去清风在,露水点点滴下来"。现象黑色粉末变红色,试管口有水珠生成,步骤和现象既清晰又明了地储存在脑海中。

再看,小高同学学完碳、一氧化碳、二氧化碳的性质时编的趣味语段:"左边月儿弯(C),右边月儿圆(O);左边取暖又还原,右边带角能助燃(O_2);左右角合熄火焰(CO_2),镁见钟情火光闪(镁和二氧化碳的反应);去掉下角毒性添(CO 有毒),能把金属来冶炼(CO 的还原性)。"很容易记住幽默语段所展现的各物质的性质和用途。

其实还有很多记忆的妙法,就不一一列举了,这些方法都是同学们在学习过程中总结完善出来的,可以试一试。

林凤春

异中求同——找规律

亲爱的同学,你是否为化学方程式的计算而苦恼?面对题目中的多个数据,不知道该用哪个数据计算而束手无策。那么,今天我们一起来寻找藏在化学方程式计算题中的秘密,帮你闯过化学方程式计算这一关。

初中阶段,我们所学的化学计算有利用化学式的计算、利用化学方程式的计算、有关溶质质量分数的计算、物质纯度的计算,等等。考试的时候往往不会单一地考查某一知识点的化学计算,而是会将多个知识点综合在化学方程式中考查,同学们觉得计算题难,"难"就难在综合计算。

化学方程式综合计算的考题形式多样,可归纳为直观文字叙述型、图解实验分析型、图像坐标分析型、表格数据分析型等。不同的考题形式,就好比京剧变脸,不同脸谱下,其实是同一张脸,不同题型下,都是相同的本质,都在寻找"已知"和"未知"的关系。如何在异中求同?我们一起来寻找其中的规律!

一、直观文字叙述型

例题1:某兴趣小组取氯酸钾和二氧化锰的混合物31.5 g,加热至质量不再减轻,剩余固体的质量为21.9 g。请计算完全反应后产生的氧气的总质量为_____g,氧气物质的量为_____mol。

解析:解题首先要读懂题目,加热氯酸钾和二氧化锰的混合物,为什么固体质量会减轻? 减轻的质量又代表什么的质量? 要回答这两个问题,必须要正确写出化学方程式:

$$2KClO_3 \xrightarrow[\triangle]{MnO_2} 2KCl + 3O_2 \uparrow$$

根据化学方程式可以很快判断出固体减轻的质量就是反应生成氧气的质量,为 9.6 g,那么就可以求得氧气的物质的量,为 0.3 mol。

二、图解实验分析型

例题 2:某兴趣小组用图 1 所示流程制取氧气。请计算完全反应后产生的氧气的总质量为_____g,氧气物质的量为_____mol。

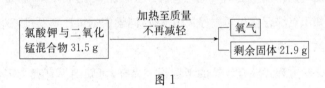

图 1

解析:这道题目和例题 1 虽然在题目呈现方式上有所不同,但本质是相同的,固体减轻的质量也就是反应生成的氧气的质量,你是不是也发现了呢? 前后质量差=生成气体的质量。

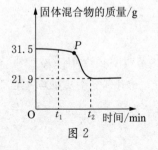

图 2

三、图像坐标分析型

例题 3:某兴趣小组用加热氯酸钾和二氧化锰的混合物制取氧气,实验过程中的固体质量随时间变化的关系如图 2 所示,请计算:

（1）完全反应后产生的氧气的物质的量为_____mol,并判断 P 点的固体成分_____？

（2）原混合物中氯酸钾的物质的量是多少？氯酸钾的质量是多少？（通过化学方程式计算）

（3）生成的氯化钾的质量是多少？

（4）二氧化锰的质量是多少？

解析:这道题目把关键信息藏在了坐标图当中,像这一类图像坐标分析题,我们要注意曲线的"拐点","拐点"之后曲线变成水平,意味着固体质量不再减轻,即 t_2 时刻已完全反应。又因为固体减轻的质量就是反应生成的氧气的质量,所以生成氧气的质量为 9.6 g,其物质的量为 0.3 mol。而 P 点出现在拐点之前,此时反应未完全,即有 $KClO_3$ 剩余,所以 P 点的固体成分为 $KClO_3$、KCl、MnO_2。

（1）m（氧气）$=31.5-21.9=9.6$ g,即 $n=\dfrac{m}{M}=\dfrac{9.6 \text{ g}}{32 \text{ g/mol}}=0.3$ mol

（2）解:设原混合物中氯酸钾的物质的量为 x mol

$$2KClO_3 \xrightarrow[\triangle]{MnO_2} 2KCl+3O_2\uparrow$$

$$\begin{array}{cc} 2 & 3 \\ x & 0.3 \end{array}$$

$2:x=3:0.3 \quad x=0.2$ mol

氯酸钾 $m=n \cdot M=0.2\times122.5=24.5$ g

答:参加反应的氯酸钾的物质的量为 0.2 mol,质量为 24.5 g。

（3）氯化钾 $m=n \cdot M=0.2\times74.5=14.9$ g

（4）二氧化锰 $m=31.5-24.5=7$ g

四、表格数据分析型

例题4:化学学习小组同学取10 g石灰石样品,用足量的稀盐酸测定石灰石中碳酸钙的质量分数(假设石灰石中杂质不与盐酸反应)。测量5分钟内生成CO_2质量的数据如表1所示:

表1

时间/分钟	1	2	3	4	5
生成CO_2的质量/g	1.5	2.5	3.0	3.3	3.3

请回答下列问题:

(1) 石灰石中的$CaCO_3$完全反应时,生成二氧化碳气体的物质的量为_____mol。

(2) 该石灰石中$CaCO_3$的质量分数是多少?(根据化学方程式计算)

解析:对于表格数据分析题,关键要看懂表格数据的含义,注意数据的变化规律,差值成比例,而当差值不成比例时意味着反应停止,即第四分钟时,石灰石中的$CaCO_3$完全反应,生成二氧化碳的质量为3.3 g。

(1) m(二氧化碳)=3.3 g

$$n=\frac{m}{M}=\frac{3.3\ g}{44\ g/mol}=0.075\ mol$$

(2) 解:设石灰石中$CaCO_3$的物质的量x。

$$2HCl+CaCO_3 \rlap{=}{=} CaCl_2+H_2O+CO_2\uparrow$$

$$\qquad\qquad 1 \qquad\qquad 1$$

$$\qquad\qquad x \qquad\quad 0.075\ mol$$

$$1:x=1:0.075$$

$x = 0.075 \text{ mol}$

$m(CaCO_3) = n \cdot M = 0.075 \times 100 = 7.5 \text{ g}$

$CaCO_3$ 的质量分数 $= 7.5/10 \times 100\% = 75\%$

答：石灰石中 $CaCO_3$ 的质量分数是 75%。

对于复杂的化学方程式计算，不论是图像还是表格抑或流程，万变不离其宗，都存在着共同的规律：

（1）化学方程式表示的反应物与生成物之间的"质量比"和"物质的量"的比。

（2）要搞清题意，明确哪些已知，哪些未知，建立已知和未知之间的关系。

（3）代入化学方程式中的各物质都是纯净物，挖掘众多数据中隐含的纯净物的量。

（4）将纯净物的量代入化学方程式，列出比例式进行计算。

正确书写化学方程式是解题的前提，挖掘纯净物的量是解题的关键，上下对应列比例式、解答正确是重点。在解题时，必须抓住有关概念和相关物质的性质，根据反应规律及图形、流程图、表格的特点展开分析，形成解题思路和方法。

通过上面的例析，你一定不会再担心化学方程式的计算了！

学会了，练一练

1. 实验室用 25 g 石灰石与一定量稀盐酸制取 CO_2（杂质不参加反应），加入稀盐酸的质量与反应得到气体的质量变化关系如图 3 所示。

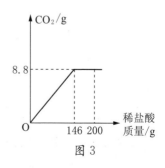

图 3

计算：

(1) 总共产生 CO_2 的物质的量为_____mol。

(2) 所用稀盐酸溶质的质量分数为_____。

(根据化学方程式列式计算)

2. 实验室测定大理石中碳酸钙的质量分数。在 15 g 大理石中分 5 次共加入 50.0 g 稀盐酸(假设杂质不与盐酸反应,忽略盐酸的挥发),部分数据如表 2 所示。

表 2

溶液中盐酸的质量	10	20	⋯	40	50
气体的质量 m/g	1.1	2.2	⋯	m	4.4

根据实验数据回答下列问题:

(1) 当滴入 40 g 盐酸时,对应的气体质量 m 是_____g。

(2) 大理石中碳酸钙的质量分数是_____。(根据化学方程式列式计算,结果精确到 0.1%)

练一练答案:

1. (1) $m(二氧化碳)=8.8$ g,即 $n=\dfrac{m}{M}=\dfrac{8.8\ \text{g}}{44\ \text{g/mol}}=0.2$ mol

(2) 解:设参加反应的稀盐酸中 HCl 物质的量为 x mol

$$CaCO_3+2HCl=\!=\!=CaCl_2+CO_2\uparrow+H_2O$$

$$\quad\quad\ \ 2\quad\quad\quad\quad\ 1$$

$$\quad\quad\ \ x\quad\quad\quad 0.2\ \text{mol}$$

$x=0.4$ mol

稀盐酸中溶质的质量为 $m(\text{HCl})=n \cdot M=0.4\times36.5=14.6$ g

质量分数为：$c\% = \dfrac{m\text{溶质}}{m\text{溶液}} \times 100\% = \dfrac{14.6\ \text{g}}{146\ \text{g}} \times 100\% = 10\%$

2.（1）$m = 4.4\ \text{g}$

（2）解：设碳酸钙为 x mol

$$CaCO_3 + 2HCl = CaCl_2 + H_2O + CO_2\uparrow$$

$\qquad 1 \qquad\qquad\qquad 1$

$\qquad x \qquad\qquad\quad 0.1$

$1 : x = 1 : 0.1$

$x = 0.1$ mol

$m(CaCO_3) = n \cdot M = 0.1 \times 100 = 10$ g

$CaCO_3$ 的质量分数 $= 10/15 \times 100\% = 66.7\%$

林凤春

理清关系——分类法

同学们在做题时是不是经常会出现考虑不完整而答错的情况。

例题1：日常生活离不开化学，请从氦气、盐酸、氧气、甲烷、一氧化碳、二氧化碳、碳酸钙中选择适当的物质，用化学式填空：人体胃液中含有的酸是　①　，用于医疗急救病人的是　②　，用于霓虹灯的是　③　，用作气体燃料的是　④　，属于氧化物的是　⑤　。

有的同学在做④⑤问时会错答、漏答。第④小问只选 CH_4，还有的同学只选 CO；而第⑤小问只选 CO_2 不选 CO，还有的同学选 $CaCO_3$。容易思路不清，少选或错选，究其原因是没有理清物质的类别、物质的性质及其用途之间的关系。

分析：本题考查的是物质的分类、各物质的性质及用途。所要解决的问题是先确定各物质的类别，从中选定酸和氧化物，并将物质的性质与用途建立起联系，物质的用途是由物质的性质决定的，所以要判断不同物质的用途，可以从物质的性质入手，对问题进行梳理，理清物质的性质和用途的密切关系，这样就能顺利地解决问题了。

解析：首先将物质名称转化为化学式，注意是用化学式填空，再对物质进行分类，然后根据题意对涉及物质的主要性质进行判断，确定其用途。解题可按如下思路展开：

氧气—O_2—非金属单质—供给呼吸——支持燃烧

氦气—He—稀有气体单质—通电时发出黄光——用作电光源

氯化氢—HCl—酸—具有酸的通性——工业上除铁锈

甲烷—CH_4—有机物—具有可燃性——作燃料

一氧化碳—CO—氧化物—具有可燃性——作燃料

二氧化碳—CO_2—氧化物—不可燃、不助燃密度大于空气——灭火剂

碳酸钙—$CaCO_3$—盐—白色固体难溶于水——建筑材料

这样分析，答案如囊中取物，答案为：① HCl；② O_2；③ He；④ CO，CH_4；⑤ CO，CO_2。

通过上面的例题分析，分类法是化学学习的重要思想方法，理清物质分类的标准，准确地对物质进行分类；可以帮助我们在化学学习过程中把握化学学科的重要思想，那就是结构决定性质，性质决定用途。理清知识间的相互关系，抓住本质，不断地将新的知识融入所学知识中，找到解决问题的路径。

化学研究的对象是物质，物质具有多样性，用合理的方法研究物质的多样性，需要根据物质之间的某一内在联系将物质分成不同的类别。理清关系，依据一定的标准对物质进行分类，初中化学主要从物质的组成对物质进行分类。如根据单质中元素种类，将单质分三类；根据化合物中是否含碳元素分为有机物和无机物等，如图1所示：

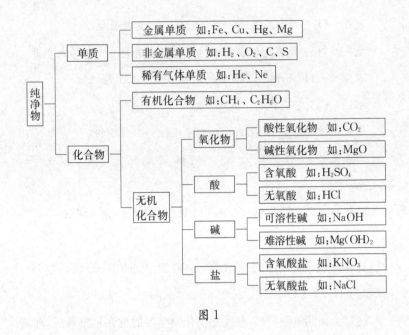

图 1

例题 2:分类法是化学学习和研究的重要方法之一,下列分类正确的是(   )。

A. 金属单质:Fe、C、Ag

B. 混合物:空气、石油、冰水共存物

C. 盐:食盐、小苏打、硫酸铝

D. 碱:纯碱、烧碱、氢氧化钙

分析:混合物是由不同物质组成的,金属单质名称中有"钅"字旁(汞和金除外),盐是金属元素或铵根和酸根组成的化合物,碱是由金属元素和氢氧根组成的化合物,应弄清相关概念的区别和联系,加深对概念的理解和比较。

解析:

A,Fe、Ag 属于金属单质,C 属于非金属单质,故 A 错;B,空气中含有氮气、氧气、二氧化碳等物质,属于混合物,石油中含有汽油、煤油、柴油等物质,属于混合物,冰水共存物是由水一种物质组成,属于纯净物,故 B 错;C,食盐是氯化钠,小苏打是碳酸氢钠,与硫酸铝三种物质都是盐,故 C 正确;D,纯碱是盐类,烧碱是氢氧化钠,属于碱类,氢氧化钙是碱,故 D 错。

故答案为 C。视角不同,分类的标准不同。不仅可以根据物质的组成,也可根据物质的结构、性质、用途等对物质进行分类,分类依据的标准不同,物质分类的方法也不同,如盐的分类就有几种方法。

例题 3:人们在认识事物时可采用多种分类方法,如表 1 所示各组归类:

表 1

序号	分类标准	归类
A	Fe_3O_4、NO_2、MnO_2、Na_2O、CuO、CO_2	SO_3
B	CH_3COOH、HNO_3、HCl、H_2S、H_2SO_4	H_3PO_4
C	复分解反应、置换反应、分解反应、化合反应	焰色反应
D	$Ca(OH)_2$、$NaOH$、$Cu(OH)_2$、KOH	$NH_3 \cdot H_2O$

(1)A 中分类标准是_____,SO_3____(填"是"或"否")可归为此类。

(2)B 中分类标准是_____,HF____(填"是"或"否")可归为此类。

(3)C 中分类标准是_____,焰色反应属于____变化,____(填"是"或"否")可归为此类。

(4) D 中分类标准是＿＿＿＿＿＿＿＿＿，$NH_3 \cdot H_2O$＿＿＿＿＿＿（填"是"或"否"）可归为此类。

分析：这是多角度进行物质的分类，仔细观察各物质之间的异同点，异中求同挖掘本质的规律，找到每组中各物质存在的相同特点，确定分类的标准。

解析：A，各物质都含有两种元素，且一种是氧元素，所以分类标准中的物质都是氧化物，SO_3 也是由两种元素组成，且一种是氧元素，符合此特点；B，各物质都是由氢元素和酸根组成的，分类标准中的物质都是酸，H_3PO_4 符合此特点；C，分类标准中的反应都是化学变化，而焰色反应属于物理变化，不符合此特点；D，要认真思考，一不小心就会掉进陷阱，容易误判成铵盐，要注意的是 $NH_3 \cdot H_2O$ 不属于盐类，所以还要另辟蹊径，分类标准中的物质都含有氢氧根，都是碱类，$NH_3 \cdot H_2O$ 是一种特殊的碱，是需要熟记的，符合此特点。

答案：(1)都是氧化物，是；(2)都是酸，是；(3)化学变化，物理变化，否；(4)都是碱，是

解决问题的关键是理清物质之间的内在联系与区别，尽可能从多个角度全面考虑，探寻物质间的相同焦点，然后根据题意一一击破。还要注意的是，对物质研究的侧重点不同，分类的角度也会不同，要具体问题具体分析。

学会了，练一练

1. 酸碱盐三类化合物中共同含有的元素是（　　　）。

A. 金属元素   B. 非金属元素

C. 氢元素   D. 氧元素

2. 依据同类物质性质的相似性,可以帮助我们做到举一反三。

现有下列三组物质:

A. 胆矾、空气、冰水、纯碱

B. $NaOH$、H_2SO_4、$Ca(OH)_2$、$Ba(OH)_2$

C. $CaCl_2$、Na_2CO_3、CO_2、$Ba(NO_3)_2$

(1) 填写空白表2:

表2

序　　号	A	B	C
分类标准	纯净物	碱	———
不属于上述分类标准的物质	空气	———	CO_2

(2) 请仿照检验 CO_2 的反应,选用 SO_2 或 SO_3 书写一个类似的化学反应方程_____。

(3) 写出 C 组中发生复分解反应的化学方程式_____。

练一练答案:1. B;2. (1) H_2SO_4,盐;(2) $SO_2 + Ca(OH)_2 =\!=\!= CaSO_3\downarrow + H_2O$ 或 $SO_3 + Ca(OH)_2 =\!=\!= CaSO_4\downarrow + H_2O$;(3) $CaCl_2 + Na_2CO_3 =\!=\!= CaCO_3\downarrow + 2NaCl$,$Na_2CO_3 + Ba(NO_3)_2 =\!=\!= BaCO_3\downarrow + 2NaNO_3$

林凤春

化难为易——类比法

我们知道宏观物质是由分子、原子等微粒构成的,但化学微观世界中的分子、原子等微粒无法用肉眼直接观察,它们的质量和体积也无法直接测量,那么如何将微粒与宏观物质联系起来呢?

我们需要建立一座宏观与微观之间联系的桥梁。由此,我们学习了一个新的物理量——"物质的量",从而便于实际应用。然而,不少同学在学习这个新概念的过程中,认为很抽象、难以理解。到底该如何轻松学懂物质的量呢?

首先,什么是物质的量? 物质的量是表示物质所含微粒数目多少的物理量。要理解该定义,首先要理解定义中的两个关键词:物理量、微粒数目。今天我们用类比来彻底理解这个新概念,化难为易。

什么是物理量? 我们已经学过哪些熟悉的物理量? 质量、长度、时间、电流等都是我们熟悉的物理量,这些物理量具有共同的特征——都包含数值和单位。所以可以把"质量、长度、时间、电流、物质的量"放在一起进行类比(如表1所示)。物质的量与我们曾经所学过的物理量一样,并不难,只是因为我们第一次接触感到陌生而已。既然物质的量是一个物理量,自然也有它的符号和单位,物质的量的符号为 n,其单位为摩尔(mol),简称为摩。这样一类比,是不是降低了对"物质的量"的陌生感呢?

表1 七个基本物理量及其单位

物理量/符号	单位	单位符号
质量 m	千克	kg
长度 L	米	m
时间 t	秒	s
电流强度 I	安培	A
热力学温度 T	开尔文	K
发光强度 I	坎德拉	cd
物质的量 n	摩尔	mol

第二个关键词"微粒数目多少"怎样理解? 可以理解为它表示一个集合。生活中我们也经常运用到集合,例如当鸡蛋的数量达到12个时,就可以称这个集合为"1打";当士兵人数达到10 000人左右时,就可以称这个集合为"1个师",那么,将其类比(如表2所示),在化学的微观世界中,当微粒数目达到 6.02×10^{23} 个左右时,就可以称这个微粒集为"1摩尔"。正是因为这个数目庞大,使用起来不方便,于是科学家把 6.02×10^{23} 个微粒作为一个集合体,将其称为 1 mol。

表2 一些量的数量标准

对比场景	不同的量	数量标准
生活场景	1打	12个
	1个师	10 000人
化学领域	1摩尔	约 6.02×10^{23} 个

在2018年11月召开的第26届国际计量大会(CGPM)上,明确了 1 mol 任何物质所含微粒的精确值为 $6.022\ 140\ 76 \times 10^{23}$。一般情

况下,采用近似值 $6.02×10^{23}$,即 1 mol 任何物质约含 $6.02×10^{23}$ 个微粒,该数值又被称为阿伏伽德罗常数,符号 N_A。如何更好地理解它呢? 可以类比我们所熟悉的圆周率 π,是一个常数,约为 3.14,那么阿伏伽德罗常数 N_A 也是一个常数,约为 $6.02×10^{23}$。

如图 1 所示,圆圈内的每个小圆点表示一个碳原子,圆圈内碳原子的个数约为 $6.02×10^{23}$ 个,那么,在化学上,我们就可以称这样的微粒集合体为 1 摩尔。

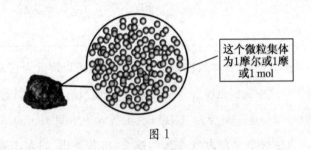

这个微粒集体为1摩尔或1摩或1 mol

图 1

所以,物质的量和微粒数目之间的转化如图 2 所示:

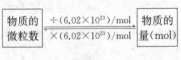

物质的微粒数 $\xrightarrow{÷(6.02×10^{23})/mol}$ $\xleftarrow{×(6.02×10^{23})/mol}$ 物质的量(mol)

图 2

现在,我们不妨来做一做例题,看看自己掌握了吗?

例题:1 mol 水约含 $6.02×10^{23}$ 个_____;

1 mol 铁约含 $6.02×10^{23}$ 个_____;

0.5 mol 氧气约含_____个氧分子;

$1.806×10^{24}$ 个氦原子为_____mol。

解析：水是由水分子构成的，所以 1 mol 水约含 6.02×10^{23} 个水分子。但需要注意的是铁是由铁原子构成的，氢气也是由氢原子构成的，所以 1 mol 铁约含 6.02×10^{23} 个铁原子。

答案：水分子；铁原子；3.01×10^{23} 个；3 mol

学习了今天的内容，是不是觉得"物质的量"并不难呢？但是，在使用的时候，还需要明确几点注意事项：

（1）物质的量是一个物理量的全称，是一个专有名词；物质的量不能当成物质的数量或质量来理解。

（2）摩尔是物质的量的单位。

（3）物质的量仅用于描述微粒（分子、原子等），不适用于宏观物质。

（4）用摩尔表示物质的量时，必须指明微粒种类（名称、符号或化学式）。例如：1 mol H、1 mol H_2，不能像"1 mol 氢"这样含糊地表示。

（5）物质的量的数值可以是整数，也可以是小数。

物质的量很重要，相信现在的你已经学会了物质的量，认识了这位新朋友！

学会了，练一练

1. 6.02×10^{22} 个氧分子是_____mol 氧分子。

2. 0.5 mol 氢气约含有_____个氢分子。

3. 3.01×10^{23} 个氢分子中含有_____mol 氢原子。

4. 2.408×10^{23} 个 CO_2 分子是_____mol CO_2。

5. 1.5 mol 水约含有＿＿＿＿＿＿＿＿个水分子。

6. 1 mol H_2O 中含有＿＿＿＿mol H 原子,＿＿＿＿mol O 原子,共＿＿＿＿mol 原子,氢原子、氧原子物质的量比为＿＿＿＿。

练一练答案:1. 0.1；2. $3.01×10^{23}$；3. 1；4. 0.4；5. $9.03×10^{23}$；6. 2，1，3，2∶1

林凤春

系统结构——概念图

化学是一门有趣的课程,许多化学实验、现象都非常有趣,但我们所学的化学知识零散的比较多,学生记忆与理解比较难,如何根据老师所讲的知识进行归纳整理呢? 学习中需要我们把所学的知识结构化、系统化,建立起自己的知识网络,从而使学习事半功倍,提高化学成绩。

学习化学,归纳总结是一种重要的方法,可以将零散的化学知识点系统化。概念图是知识结构化、系统化的有效方法,如学习物质分类知识,可用概念图归纳,如图 1 所示:

单质　如:C、S、P、Fe、Cu 等
氧化物　如:CO_2、CaO 等
酸　如:H_2CO_3、H_2SO_4
碱　如:NaOH、$Ca(OH)_2$ 等
盐　如:NaCl、K_2CO_3 等
混合物　如:空气、溶液等

物质分类——纯净物——化合物

图 1

概念图是呈现概念或符号之间相互联系的一种简明的图式。用概念图可以抓住知识脉络,形成知识结构。那么,我们怎样用概念图归纳化学知识呢?

概念图的设计一般把概括性较高的概念放在顶层,概括性较低的概念放在较低层次,依次向下排布,构建概念图的纵向分层和横向分支,概念图的设计主要有以下步骤:

第一步,选定归纳化学知识的领域,罗列出知识范围中相关的化

学概念。例如,溶液知识涉及的化学概念有:溶液形成、特征、组成、溶解现象、溶液分类、饱和溶液与不饱和溶液、溶解度、固体溶解度、气体溶解度、影响溶解度的因素、溶解度曲线的应用、溶质质量分数、配制一定溶质质量分数的溶液、溶质的结晶与分离、蒸发结晶、降温结晶、过滤、溶液酸碱性、溶液酸碱性与 pH。

第二步,划分层级,合理布局。概念图是一类具有层级结构的知识体系,通常将具有总括性的概念放置在概念图的顶层,后确定分支,依此进行排列。例如,溶液知识中概念图顶层如图 2。

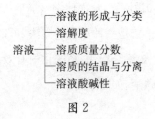

图 2

第三步,进行关联,标注关系。将罗列出的概念进行分析关联,使用连线将相关的概念连接。例如,溶液知识概念图如图 3。

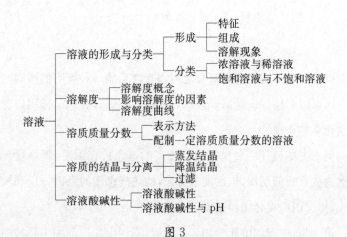

图 3

第四步，修改和完善。在整理设计了初步的概念图以后，随着学习的深入，同学们对原有知识的理解会逐步加深，所以，对已建好的化学概念图需要从整体上进行思考或反思，对所建立的化学概念图进行修正、充实和发展。

概念图是一种概念或符号以及相互之间关系的网络图形化表达，也是思维可视化表达，同时反映了同学们在创建概念图过程中的情感状态。因此，学会化学概念图创建，既能培养学生的理性思维能力，也能锤炼其情感品质。

学会了，练一练

1. 绘制"碳及其化合物"的概念图。

2. 绘制"单质、氧化物、酸、碱、盐"相互转化关系的概念图。

练一练答案:略

姚秋平

内化学习——比较法

比较法是学习的一种常用方法，更是初中化学的重要学习方法。化学知识大部分是成对出现的，如化学变化和物理变化；化合反应和分解反应；单质和化合物；分子和原子，等等。用比较法不仅很容易将知识内化，还能判断出同类物质中的细微不同，见微知著，辨别出不同物质，就像能快速的辨别出双胞胎中的老大和老二一样，可以火眼金睛般地进行物质的鉴别。

我们来看看小李同学和小张同学的讨论：

小李对小张说：我已经把二氧化碳的性质、一氧化碳的性质都熟记于心了，但"如何鉴别 CO 和 CO_2"？我又没了方法，分不清哪个是哪个。小张听了小李的求助，看了题目之后，热心地和小李分享了自己在学习化学上的心得。

小张：我在化学学习过程中，会把相关知识点进行比较。我一直注重这方面的积累，所以在解题上快而准，例如你的这道题，我通过比较法很快就可以做出来。在物质的组成上，CO 和 CO_2 的元素组成相同，为什么它们的化学性质不同呢？

小李说：因为 CO 和 CO_2 的分子构成不同。

小张说：是的，因为分子构成不同，所以它们的化学性质就有不同。你记住了他们的化学性质，要善于把它们放在一起进行比较。这时小张把自己课后整理的笔记拿出来给小李看：

表1　CO和CO_2化学性质的比较

	CO	CO_2
与水反应		$CO_2 + H_2O \!=\!\!=\! H_2CO_3$
与澄清石灰水反应		$CO_2 + Ca(OH)_2 \!=\!\!=\! CaCO_3\downarrow + H_2O$
可燃性	$2CO + O_2 \xrightarrow{\text{点燃}} 2CO_2$	通常情况下,不能燃烧也不支持燃烧
还原性	$CO + CuO \xrightarrow{\triangle} Cu + CO_2$	
毒性	有毒	无毒

通过这个表格的比较,两者的不同点是不是一目了然了,你现在能鉴别出他们了吗?

小李说:用澄清石灰水,还可以用点燃的方法。

小张说:对的,找到他们的不同之处,就是鉴别他们的方法,这个题有四种鉴别方法,我们一起归纳一下:

第一种鉴别方法,利用CO具有可燃性,而CO_2通常情况下,不能燃烧也不支持燃烧,所以可以用燃着的木条,若木条熄灭,则证明是CO_2,反之则为CO。

第二种鉴别方法,利用CO不能与水反应,而CO_2能与水反应,且生成的碳酸为酸性溶液,所以将气体分别通入紫色石蕊试液,若紫色石蕊变成红色,或者用下面的小实验,试管内液面上升,则为CO_2,反之则为CO。如下图所示:

第三种鉴别方法,利用 CO 不能与澄清石灰水反应,而 CO_2 能与澄清石灰水反应,且生成白色沉淀,有明显实验现象。只需将方法二中的紫色石蕊试液换成澄清石灰水,即将气体分别通入澄清石灰水,若变浑浊,试管内液面上升,则为 CO_2,反之则为 CO。

第四种鉴别方法,利用 CO 具有还原性,而 CO_2 无还原性,将气体通入灼热的 CuO 中,若黑色固体变红色,则为 CO,反之则为 CO_2。

小李说:我知道原因了,我只是将二氧化碳的性质、一氧化碳的性质熟记于心,这样的熟记只是将零散的知识记住了,并没有建立起两者的联系,也没有对比他们性质的异同点,经过你的讲解,我要向你学习,善于总结归纳,在比较中将知识进一步内化,才能更好地应用。

你们的讨论很好,那我来考考你们两个:有两瓶失去标签的稀盐酸和稀硫酸,用什么方法给它们贴上标签?

小张说:我知道了。

我说让小李来试一试,小李若有所思地说:让我想想:两者都是酸,都能与金属反应产生气泡,不能用指示剂,也不能用金属。

小张提醒说:将两者对比,看看它们有什么不同的地方。

小李说:我知道了,酸根不同,盐酸能与硝酸银溶液反应,硫酸能与氯化钡溶液反应——用氯化钡溶液。取样,分别滴加氯化钡溶液,有白色沉淀的是硫酸。

我和小张为他鼓掌,小李豁然开朗的喜悦洋溢在脸上。

我们一起归纳一下:利用比较法巧解鉴别题,关键就是抓住物质的性质差异,哪怕是细微的不同之处。

(1)进行对比:将物质的性质用表格、图示、表述等方法进行对比。

(2)避同求异:找到物质之间的不同之处,其本质区别就是解题的切入点。

(3) 方法脱颖而出,进行鉴别:先取样,再滴加试剂;先现象,再结论。

(4) 要把握一个原则:当多种方法首选一种方法时,优先考虑操作简单、现象明显、环保等因素。

学会了,练一练

1. 鉴别氧气和二氧化碳,方法错误的是(　　)。

A. 分别通入石灰水　　　　　　B. 分别通入水中

C. 用燃着的木条检验　　　　　D. 用带火星的木条检验

2. 下列物质能用来区别 NaOH 溶液、澄清石灰水的试剂是(　　)。

A. $CuCl_2$ 溶液　　　　　　　B. KCl 溶液

C. 紫色石蕊试液　　　　　　　D. Na_2CO_3 溶液

3. 只用水无法鉴别的一组物质是(　　)。

A. 木炭粉、二氧化锰　　　　　B. 淀粉、氯化钠

C. 冰糖粉、硫酸铜粉末　　　　D. 碳酸钙、氯化钙

4. 如表 2 所示,鉴别物质的方法或试剂正确的是(　　)。

表 2

选项	待鉴别的物质	所选试剂或方法
A	氮气和二氧化碳	燃烧的木条
B	碳和氧化铜	观察颜色
C	水和双氧水	二氧化锰
D	氯化钠溶液和稀盐酸	酚酞溶液

练一练答案:1. B; 2. D; 3. A; 4. C

林凤春

错题再现——不贰过

《论语·雍也》中有记载"有颜回者,好学,不迁怒,不贰过。""不贰过"就是知错就改,不犯两次同样的错误,是一种优秀的学习品质,如果运用到化学学习之中,是提高化学成绩非常有用的方法。

如何做到不犯相同的错误呢?

一是要认识到错题的重要性。我们在平时的学习过程中,特别是临考试前,会刷许多套一模、二模和中考真题,常常会遇到这样的情况,有一类题目几乎经常出现,没有彻底弄明白的时候,有时候会做对,有时候会做错。遇到这样的情形,说明你没有真正弄明白这类题目的解法,训练的效果就会大打折扣,这就是有的同学刷了很多题目,成绩却没有提高的原因之一,占用了许多宝贵的时间,却没有达到应有的效果。

二是要分析错题产生的原因。错误的原因可以归结为内因和外因。内因是由于自己主观因素造成的,比如知识没有掌握、理解上有偏差、考试的时候没有看清题目的条件、答题要求等。外因主要是由于题目的难度。内因是决定性因素,外因通过内因起作用。

三是要解决错误的根源,并形成错题集。解决错误的根源就是真正弄明白这道题目考什么,需要记住哪些知识。实践证明,将错题汇编成错题集,有效利用,能显著提高学生的成绩。错题集能够反映一个学生的学习状况,同时也能够体现一个学生的学习态度,所以,通过错题集来帮助学生更清楚地了解自己的不足,可以获得良好的学习经验,促进学生知识经验的巩固。错题集是个性化的学习成果,能够展示学生知识的薄弱环节,通过分析和纠正错题,学生能够明白错误的根本原因,并通过有效地纠正和学习,确保不再重复犯错,提高了自己的做题能力。

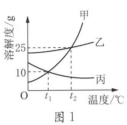

图 1

例题:甲、乙、丙三种固体物质的溶解度曲线如图1所示,从中获取的信息正确的是( )。

A. 若把 t_1℃甲的饱和溶液升温至 t_2℃,再加甲的质量为 15 g,此时溶液仍为饱和溶液

B. 蒸发溶剂可使丙的饱和溶液变为不饱和溶液

C. t_1℃时,等质量的甲、乙、丙三种溶液所含溶质的质量可能相同

D. t_2℃时,甲、乙、丙的饱和溶液分别降温至 t_1℃,所得溶液的溶质质量分数大小顺序为乙>甲=丙

解析:本题考察的是溶解度曲线的应用,题目并未对原溶液中溶质、溶剂等量进行表述,故不能判断 t_1℃甲的饱和溶液升温至 t_2℃应该加入溶质的量,A选项错误;蒸发溶剂可以使不饱和溶液变成饱和溶液,选项B不对;等质量的甲、乙、丙三种溶液可能含有相同质量的溶质,形成相同质量的溶液,即甲和丙恰好为饱和溶液,乙为该温度下的不饱和溶液,或者三者都是不饱和溶液,此时三种溶液中的溶质的质量相等。降温至 t_1℃时,甲和乙溶液仍然是饱和溶液,可以根据溶解度和浓度的转化公式进行计算,基本溶解度大则对应的浓度就较大,故浓度乙>甲,而丙溶液降温后,溶解度变大,浓度却没有改

变,应该用 t_2℃时的溶解度进行计算,乙＞甲＞丙。

对于这样较为综合的选择题,需要对每一个选项细致的分析,错题的原因分析格外重要,有同学对溶解度曲线上点的意义不理解,有同学对条件不全的题目进行了判断,等等。

要避免错误的再次发生,定期将做错的习题再看一遍,对错误的地方没弄清楚要反复思考,实在解决不了的要请教老师和同学,并要经常把易错的地方拿出来复习强化,做适当的重复性练习,争取把问老师、同学获得的知识消化变成自己的知识。

人们总说吃一堑,长一智,建立错题集,归纳错题,可以纠正错误,预防错误,这是提高化学成绩的一个好方法、好途径。

学会了,练一练

请谈谈最近一次化学测验中的错误,你打算如何在以后的测验中避免再次发生。

练一练答案:略

庄 璟

变式跟进——抓本质

同学们有没有看到过川剧中的绝活——"变脸"? 我们在做化学题时也遇到过许多变脸,也就是同一知识点的诸多变式。

比如:对于化学反应 $CO_2 + Ca(OH)_2 \xrightarrow{\quad} CaCO_3 \downarrow + H_2O$,是每一套化学试卷中都会出现的考点,会在不同题型中遇到。

(一) 选择题

1. 下列化学方程式书写正确的是( )。

A. $Fe + O_2 \xrightarrow{\text{点燃}} Fe_2O_3$

B. $CO_2 + Ca(OH)_2 \xrightarrow{\quad} CaCO_3 \downarrow + H_2O$

C. $2KMnO_4 \xrightarrow{\triangle} K_2MnO_4 + MnO_2 + O_2$

D. $CuSO_4 + NaOH \xrightarrow{\quad} Na_2SO_4 + Cu(OH)_2 \downarrow$

解析:判断化学方程式是否书写正确,是检测学生是否掌握化学原理的一种题型,需要从反应物、生成物、反应条件、化学方程式是否配平等角度进行判断。

2. 区别氢氧化钠溶液和氢氧化钙溶液可以选用的试剂是( )。

   A. 无色酚酞　　B. 稀盐酸　　　C. 二氧化碳　　D. 紫色石蕊

解析:鉴别题要遵循"避同求异"的原则,区别氢氧化钠溶液和氢氧化钙溶液的本质是区别钠离子和钙离子,两种物质的水溶液都是碱性的,所以不能用酸碱指示剂来鉴别,这样可以排除 A 和 D 选项。而稀盐酸和两种碱反应都没有明显的实验现象,也不能鉴别。二氧化碳和氢氧化钠溶液反应,没有明显的实验现象,与氢氧化钙反应产生白色沉淀。

(二) 填空题

1. 配制好的石灰水为什么要密封保存? _____。

2. 用石灰乳涂抹的墙壁屋内放一盆烧红的木炭,过一段时间墙壁上会"冒汗",请用化学方程式来表示_____、_____
_____。

3. 如图 1 所示,已知 X 是有毒且不溶于水的气体,Y 是不支持燃烧的气体,Z 是不溶于水的固体,X、Y、Z 之间有如下转化关系。请回答下列问题:

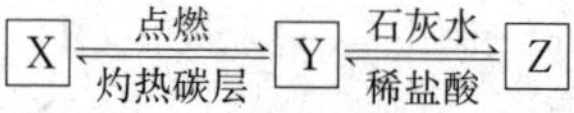

$$\boxed{X} \xleftarrow[\text{灼热碳层}]{\text{点燃}} \boxed{Y} \xleftarrow[\text{稀盐酸}]{\text{石灰水}} \boxed{Z}$$

图 1

(1) 写出 X 的化学式_____;将 Y 通入澄清石灰水中观察到的现象是_____,该反应的化学方程式为____
_____。

(2) 气体 X、Y 都含有_____元素,但它们物理性质和化学性质都不同,其原因_____,写出 Y 转化为 X 的化学方程式_____
_____。

解析:上述三道填空题,从物质密封保存的原因、生活生产中的现象分析、物质转化等角度对 $CO_2 + Ca(OH)_2 \stackrel{}{=\!=\!=} CaCO_3 \downarrow + H_2O$ 进行检测。

(三) 实验题

将一个充满二氧化碳的试管倒插入装有澄清石灰水的烧杯里,如图2所示:

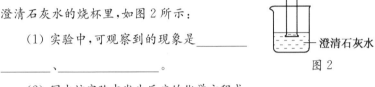

二氧化碳

澄清石灰水

图 2

(1) 实验中,可观察到的现象是_____、_____。

(2) 写出该实验中发生反应的化学方程式_____。

对比这些题目,我们可以清楚地看到,同一知识点在不同题型中的考查方式不同,但其本质都是考查二氧化碳和氢氧化钙反应。同学们可以用类似的方法,在完成每天作业和错题订正之后,归纳一下考察的知识点和解题方法,增加"变式跟进"的学习环节,就能找出这些题目的本质,也可以大胆预测神秘的中考试卷中会有哪些核心考点的变式,这样有的放矢地复习,可以透过不同的试题发现本质。

学会了,练一练

请对涉及 $CO + CuO \stackrel{\triangle}{=\!=\!=} Cu + CO_2$ 的考题进行归纳,比较这些题目的共性和差异。

练一练答案:略

庄　璟

定期消化——增效益

常听家长抱怨，我家孩子化学成绩不太好，老是前讲后忘。这是为什么呢？

前讲后忘的现象其实非常普遍，我们每个人对于知识都存在记忆或者遗忘的情况，化学知识也是如此，经常使用的记得就比较牢，一段时间不用，就会模糊甚至彻底遗忘。

根据心理学原理，记忆的基本过程是由识记、保持、回忆和再认三个环节组成的。识记是记忆过程的开端，是对事物识别和记住并形成一定印象的过程。保持是对识记内容的一种强化过程，使之能更好地成为人的经验。回忆和再认是对过去经验的两种不同的再现形式。记忆过程中的这三个环节是相互联系、相互制约的，记忆的三个环节缺一不可。记忆的基本过程可以简单地分成"记"和"忆"的过程，"记"包括识记、保持，"忆"包括回忆和再认。

根据下面记忆和复习的图线，能否发现什么规律？

观察下图曲线你会发现：记忆的内容约在 20 分钟后就只剩下 58％了，减少了 42％，1 小时后剩下 44％，9 小时后剩下 36％……遗忘速度是惊人的，1 小时后连一半都不到了，随后遗忘速度逐渐减缓。这些结论是由德国心理学家艾宾浩斯通过大量实验研究发现的。由此可见，学过的知识如不抓紧复习，学习效益就会大打折扣。

我曾经找两个班级的学生做过对比实验，不同班级水平相当的同学组成两组，学习第二学期元素符号和化学式的知识，甲组在学习

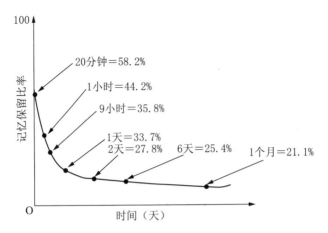

后不复习,一天后测试,正确记忆率约为 45%,第二周后只剩下 30%。乙组则按艾宾浩斯遗忘曲线规律复习,设置了几个时间节点及时进行复习,时间节点如下:

1. 第一个记忆周期:5 分钟,课上间隙及时回顾知识;

2. 第二个记忆周期:30 分钟,下课间隙可以再回想一下;

3. 第三个记忆周期:12 小时,放学后做作业前;

4. 第四个记忆周期:1 天;

5. 第五个记忆周期:2 天;

6. 第六个记忆周期:4 天;

7. 第七个记忆周期:7 天;

8. 第八个记忆周期:15 天。

这样下来,一天后记忆率保持 98%,一周后保持 86%,乙组的记忆率明显高于甲组。根据科学研究成果,定期消化的确是提高学习效益的重要途径。

那么需要定期消化什么内容呢?比如我们课上学习了酸的性质,就应该联系旧的知识,将新的知识建立在旧的知识之上。新旧知识之间存在着许多联系,比如简单到复杂、个体到类别、特殊到一般等,我们需要找到它们之间的共性和个性差异。如盐酸和氢氧化钠溶液、实验室制取二氧化碳,在第一学期学习过,但在第二学期学习过程中,应该从物质类别的角度加以考虑,比如氢氧化钠属于碱,碳酸钙属于盐,可以归纳为酸和碱反应、酸和碳酸盐反应,这样在学习过程中更加明确新课的内容,也就是酸和碱性氧化物反应、酸和活动金属反应,更加突出了新旧知识的关系,更容易归纳出酸的通性。

在放学后,完成作业之前,先复习课堂笔记,再完成作业,并在后面的几个时间节点设置形式不同的复习方式,比如复述、默写、画网络图等,只有通过多次、多轮高频复习,才能扎实、牢固地掌握知识。

学会了,练一练

学习了碳及其化合物的性质和用途,请根据记忆规律设计复习内容和时间节点。

练一练答案:略

庄　璟

第三部分

从化学视角认识物质的方法

联系宏观与微观——化学语言

雨佳和小琪同学就几道题在讨论,我走近他们静听。

例题1:小明在化学课上记录了许多化学符号及含义,其中准确无误的是(　　)。

A. 氦气:Ha
B. 2个氮分子:2N
C. 两个氯原子:2Cl
D. 两个氧元素:2O

雨佳说:我一看到这类题就不知所措,经常会错。

小琪说,我对这类题还是比较有信心的,只要把元素符号、化学式表示的意义记住,问题就解决了。你看 A 中氦气的化学式是 He 不是 Ha;B 中 2 个氮分子是 $2N_2$ 不是 2N;C 是正确的;D 中 2O 表示的是两个氧原子,而不是两个氧元素。

雨佳说:我知道我的问题是没有记住元素符号、化学式表示的意义,我要用心记了。但是我在遇到下面的微观图示题时也经常出错:

例题2:图1为两种物质间发生化学反应的微观示意图(一种小球代表一种原子)。下列说法中错误的是(　　)。

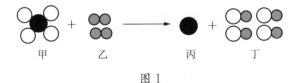

甲　　乙　　丙　　丁

图1

A. 该示意图中共有 2 种化合物分子

B. 反应前后两种元素存在形态发生改变

C. 该反应中甲和丙的质量比可能是 4：3

D. 反应中乙、丁两物质,物质的量之比为 1：1

小琪说:这类题我也容易错,正好老师来了,我们请老师讲讲。

我问小琪:解决这类题的关键是什么?

小琪说:是元素符号、化学式表示的意义。

要记住,你说对了一部分,解决这类题的关键在于建立起宏观与微观之间转换的桥梁。那么在宏观与微观之间实现灵活转换的桥梁是什么? 是化学语言。

1. 刨根溯源知含义

化学语言有元素符号、化学式、化学方程式等,小琪说得很对,解决例 1 这类题,一定要搞清楚元素符号、化学式及周围数字的含义,这是解决问题的工具。

元素符号:所有的元素符号都具有的意义:宏观表示一种元素(不能说一个元素),微观表示一个原子。金属元素、非金属元素中带"石"字偏旁的、稀有气体元素的符号还表示一种物质。

化学式:宏观表示一种物质,微观表示一个分子或一个原子;元素符号右下加数表"分子",右下无数是原子。如:O_2:一个氧分子;Fe:一个铁原子。

只要化学符号前面加数字,就只表示个数,也就只有微观意义了。

2. 化学用语拉关系

观宏探微(如表 1 所示):

表 1

宏观含义	化学语言	微 观	微粒图示表示
氧元素	O	一个氧原子	⬤
	2O	两个氧原子	⬤ ⬤
① 氧气 ② 氧气是由氧元素组成的	O_2	① 一个氧分子 ② 一个氧分子是由两个氧原子构成的	⬤⬤
	$2O_2$	① 两个氧分子 ② 每个氧分子是由两个氧原子构成	⬤⬤ ⬤⬤
① 水 ② 水是由氢元素和氧元素组成的	H_2O	① 1 个水分子 ② 1 个水分子是由两个氢原子和 1 个氧原子构成	⬤
	$2H_2O$	① 2 个水分子 ② 每个水分子是由两个氢原子和 1 个氧原子构成	⬤ ⬤

见微想宏(如表 2 所示):

表 2

微观图示	化学语言(一般联想)	宏观物质(元素)
⬤	He、Fe、C	氦气、铁、金刚石等
	H、O、N	氢元素、氧元素、氮元素
⬤⬤	H_2、O_2、N_2、Cl_2	氢气、氧气、氮气、氯气
⬤⬤	CO、NO	一氧化碳、一氧化氮
⬤	H_2O、CO_2、NO_2、SO_2	水、二氧化碳、二氧化氮、二氧化硫
⬤	NH_3	氨气
⬤	CH_4	甲烷

3. 微观探秘,宏观解析

下面我们看例题 2 中的图 1,如果一般规律掌握了,甲可以看成是甲烷,由于丁不是水的结构图,所以乙不可能是氢气或氧气,氮气一般比较稳定,那么乙可能是氯气,这样快速地写出化学方程式 $CH_4+2Cl_2\xrightarrow{\text{光照}}C+4HCl$,问题也就迎刃而解了,当然也可以用其他方法。

我们再来看例题3:

例题3:随着科学的发展,新能源的开发不断取得突破。清华大学研究人员成功研制出一种纳米纤维催化剂,可将二氧化碳转化成液体燃料甲醇,其微观示意图如图2所示(图中的微粒恰好完全反应)。请根据微观示意图回答以下问题:

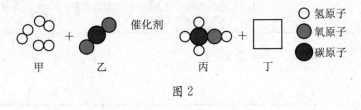

图 2

(1) 该反应的化学方程式为_____,画出丁的微观示意图_____。

(2) 下列说法正确的是_____(填写字母序号)。

A. 反应前后原子数目发生改变

B. 该反应体现了无机物在一定条件下可以转化为有机物

C. 甲是单质,乙、丙、丁均为化合物

D. 该反应属于复分解反应

通过给定的原子图示,直接写出甲、乙、丙的化学式,注意丙一般按碳氢氧的顺序,根据甲、乙、丙的化学式可推测丁是水的化学式,写出化学方程式,答案水到渠成。故答案为:(1)$3H_2 + CO_2 \xrightarrow{\text{催化剂}}$ $CH_4O + H_2O$;(2)B、C。

雨佳对小琪说,听老师的讲解,这类题好有趣呀,我再也不担心了。

我微笑地对他们说:做题要理清思路,化学用语基础要记牢,还要有一定的想象力。观宏探微,见微想宏,才能架桥梁,这样就可以在宏观和微观之间任意翱翔了。

学会了,练一练

1. 如图3所示,以下化学符号含义不正确的是(　　)。

图 3

A. 含义:+2价钡元素　　　　B. 含义:二个氢原子

C. 含义:二个氮分子　　　　D. 含义:二个铁元素

2. 如图4是某化学反应前后的微观示意图,下列说法不正确的是(　　)。

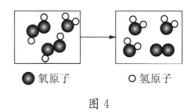

●氧原子　　　○氢原子

图 4

A. 该反应属于分解反应

B. 生成的甲、乙分子个数比是 1∶3

C. 该反应前后原子个数不变

D. 该反应前后分子种类一定发生改变

3. 化学反应的微观过程如图 5 所示，下列说法正确的是(　　)。

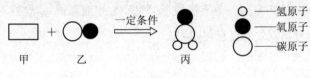

图 5

A. 甲的化学式为 C_2H_2

B. 甲的质量等于丙的质量

C. 甲和乙的物质的量之比为 1∶1

D. 该反应属于复分解反应

练一练答案:1. D；2. B；3. C

林凤春

物质性质与变化——化学反应

物质的性质与变化有什么关系？如何判断一个化学反应属于哪个反应类型？为什么这类题"一问概念我都会，一做题目我就错"呢？这是小李同学一连问我的几个问题。相信有的同学也会有同样的困惑，这些问题也是每次必考的考点。今天我们就一起将这些问题弄清楚、搞明白。

一、理解重要的概念和相互之间的关系

1. 物理变化和化学变化

前面的学习中，我们从宏观现象认识物理变化和化学变化，从微观角度分析物理变化和化学变化的本质。现用表格进行对比，加深对物理变化与化学变化的理解，如表1所示：

表1　物理变化与化学变化的比较

	物理变化	化学变化
定义	没有其他物质生成的变化	有其他物质生成的变化
外部特征	只是物质的状态、形状发生改变	常伴随发光、放热、变色，生成气体、沉淀等现象。这些想象只帮助判断是否发生化学变化，不能作为直接判断的依据，如电灯发光并没有发生化学变化
区别	是否有新物质产生	
联系	物质发生化学变化时，往往伴随有物理变化	
微观解释	构成物质的微粒本身不发生改变，只是微粒间的间隙发生变化	构成物质的分子会分成原子，原子重新组合成新物质的分子，分子本身发生了改变

2. 物理性质和化学性质

化学性质是指物质只有在化学变化中才能表现出来的性质。例如,甲烷在空气中燃烧才能表现出甲烷具有可燃性。而助燃性、稳定性、氧化性、还原性、酸碱性等也都需要发生化学变化才能表现出来。

形成了化学性质的概念,有同学就会产生思维定势,"物理性质是物质在物理变化过程中表现出来的性质",你是否也这样认为呢?

那么请你来描述厨房中食盐的颜色、状态,它们是属于物理性质还是化学性质呢? 在你描述的过程中,是否有发生物理变化或化学变化呢?

这样一思辨,你就能对物理性质形成正确的认识,也能给物理性质下一个准确的定义,即"物理性质是物质不需要发生化学变化就能表现出来的性质",例如物质的颜色、状态、气味、熔点、沸点、硬度、密度、溶解性、挥发性,等等。可通过"色、味、态、两点、两度、两性"来描述一种物质的物理性质。如食盐是白色、无气味的固体,溶于水有咸味。

3. 变化和性质的关系

物质的性质和变化又该如何区分呢? 物质的性质和变化是两组不同的概念,两者之间既有区别又有联系,性质是物质固有的属性,是变化的内因(即变化的依据);而变化是一个已经发生或正在发生的过程,是性质的具体表现即性质决定变化、变化体现性质。如纸张燃烧了(变化),纸张能燃烧(性质)。另外,物质的变化和性质在描述上也是不同的,物质性质经常用"能/不能""可以/不可以""容易/不容易""具有""会"等词描述。

理解了上述的概念，厘清了它们之间的关系，下面我们来练一练：

例题1：下列文字描述了有关物质的变化和性质：①潺潺的流水蒸发成水蒸气；②水蒸气变成天空中的白云；③白云变成了雨滴或雪花降落到地面；④铁矿石冶炼成铁；⑤钢铁变成铁锈；⑥煤着火燃烧，残余一堆灰烬。

请分析：其中属于物理性质的是_____（填序号，下同）；属于化学性质的是_____；属于物理变化的是_____；属于化学变化的是_____。

解析：解本题时只要紧扣"物质变化的描述侧重的是过程或现象，物质性质的描述侧重的是物质的能力"这一解题思路，便会得出答案，为①②；⑤；③；④⑥。

另外多联系生产和生活中的现象，进行物质变化和性质的判断，现在你能准确辨别物理性质和化学性质、物理变化和化学变化了吗？

二、理解化学反应的四个基本反应类型

化学反应是有一定规律可循的，可以从物质分类的角度体会化学反应类型的不同差异，感受各种化学反应之间的内在美，更好地理解化学反应基本类型的特点及其规律。

1. 化学反应四种基本反应类型的比较

化学反应可以分为四种基本反应类型，化合反应、分解反应、置换反应、复分解反应。如表2所示，运用列表法清晰理解四种基本反

应类型。

表2 四种化学基本反应类型的比较

化学反应基本类型	概　　念	特　点	公　式
化合反应	由两种或两种以上物质生成另一种物质的反应	多变一	$A+B+\cdots \longrightarrow D$
分解反应	由一种物质生成两种或两种以上其他物质的反应	一变多	$D \rightarrow A+B+\cdots$
置换反应	由一种单质跟一种化合物发生反应,生成另一种单质和另一种化合物的反应	一换一	$A+BC \rightarrow AC+B$ 或 $A+BC \rightarrow BA+C$
复分解反应	由两种化合物相互交换组分生成另外两种化合物的反应	双交换,价不变	$AB+CD \rightarrow AD+CB$

2.多角度辨析四种化学反应类型的区别与联系

表3 物质种类和数量上四种化学基本反应类型的比较

反应类型	反应物		产　物		举　例
	物质种类	数量	物质种类	数量	
化合反应	单质或化合物	两种及以上	化合物	一种	红磷燃烧
分解反应	化合物	一种	单质或化合物	两种及以上	氯酸钾制氧气
置换反应	单质	一种	单质	一种	湿法炼铜
	化合物	一种	化合物	一种	
复分解反应	化合物	两种	化合物	两种	氢氧化钠与盐酸的反应

　　还需要注意的是中和反应与复分解反应的关系,中和反应是一类特殊的复分解反应,属于复分解反应类型。

　　通过分析,抓住四种基本反应类型的特点,就能轻松辨别它们,如表3所示。相信你一定掌握了,趁热打铁,现在请判断下列反应的反应类型,并再写出一个属于该反应类型的化学方程式。

例题 2:(1) $CaO+H_2O \longrightarrow Ca(OH)_2$ 反应类型:_____,_____

_____。

(2) $NaOH+HCl \longrightarrow NaCl+H_2O$ 反应类型:_____,_____

_____。

(3) $Zn+2HCl \longrightarrow ZnCl_2+H_2\uparrow$ 反应类型:_____,_____

_____。

(4) $2H_2O_2 \xrightarrow{MnO_2} 2H_2O+O_2\uparrow$ 反应类型:_____,_____

_____。

解析:(1) 化合反应,$H_2O+CO_2 \longrightarrow H_2CO_3$

(2) 复分解反应,$CaCO_3+2HCl \longrightarrow CaCl_2+H_2O+CO_2\uparrow$

(3) 置换反应,$H_2+CuO \xrightarrow{\triangle} Cu+H_2O$

(4) 分解反应,$H_2CO_3 \xrightarrow{\triangle} H_2O+CO_2\uparrow$

认真学了今天的内容,关于物质性质与变化的辨别理解是不是也不难呢?

学会了,练一练

1. 物质的用途主要利用其化学性质的是(   )。

A. 稀有气体制霓虹灯   B. 一氧化碳做气体燃料

C. 氢气充探空气球   D. 干冰进行人工降雨

2. 下列物质的用途,主要是由其物理性质决定的是(   )。

A. 氮气用作保护气

B. 活性炭用于去除冰箱中的异味

C. 酒精做燃料

D. 氧气用于呼吸

3. 判断化学变化的依据是(　　)。

A. 放热　　　　　　　　　B. 发光

C. 生成气体　　　　　　　D. 生成新物质

4. 宏观辨识与微观探析是化学核心素养之一,图1是某反应的微观示意图。

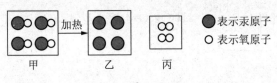

图 1

该变化的化学方程式为_____;属于____反应类型。

5. 如图2所示,在五连环中填入五种物质,相连环物质之间能发生反应,不相连环之间不能发生反应,没涉及的基本反应类型是(　　)。

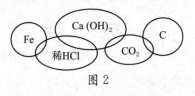

图 2

A. 复分解反应　　　　　　B. 置换反应

C. 化合反应　　　　　　　D. 分解反应

练一练答案:1. B; 2. B; 3. D; 4. $2HgO \xlongequal{\triangle} 2Hg + O_2\uparrow$,分解;
5. D

林凤春

化学变化的规律——质量守恒

1756年，俄国化学家罗蒙诺索夫把金属锡放在密闭的容器里燃烧，锡发生变化，生成白色的氧化锡，但容器和容器里物质的总质量，在煅烧前后并没有发生变化。经过反复的实验，都得到同样的结果，于是，他认为在化学变化中物质的质量是守恒的。但这一发现当时并没有引起科学家的注意，直到1777年法国的拉瓦锡做了同样的实验，并得到同样的结论，这一定律才获得公认。质量守恒定律是物质间发生化学变化都遵循的定律，是我们在初中化学阶段必须重点理解和运用的变化规律。

一、参加化学反应的各物质的质量总和，等于反应后生成的各物质的质量总和

1. 注意是"化学变化"

注意：质量守恒定律的应用范围是化学变化（或化学反应），不包括物理变化。

例题1：将100 g酒精和50 g水混合后得到150 g酒精溶液，由此说明化学变化是符合质量守恒定律的。

解析：酒精和水混合，这一变化虽然前后质量不变，因为是物理变化，不能说明化学变化是符合质量守恒定律的。

2. 注意是"质量守恒"

质量守恒定律强调的是"质量"守恒,不包括其他方面的守恒,如"体积""重量"等方面不一定守恒。

如一氧化碳和氧气在点燃条件下恰好完全反应:$2CO+O_2 \xrightarrow{\text{点燃}} 2CO_2$,这个反应前后都是气体,参加反应的一氧化碳质量和氧气质量总和等于反应后生成的二氧化碳质量,质量是守恒的。从体积方面来看,在相同条件下,2 体积的一氧化碳和 1 体积的氧气发生反应,只能生成 2 体积的二氧化碳,其体积在反应前后并不相等。有的反应体积可能守恒。

3. 注意"参加反应"和"反应后生成"

这是理解质量守恒定律的关键,反应物的质量总和不包括反应物过量的部分。生成物的质量总和是指反应后新生成的,不包括原先就存在的。

例题 2:11 g 碳和 33 g 氧气充分反应,可以生成 44 g 二氧化碳,对吗?

解析:判断是否正确的关键,就是要看 11 g 和 33 g 氧气是否都参加了反应。由 $C+O_2 \xrightarrow{\text{点燃}} CO_2$ 可知,每 12 份质量的碳和 32 份质量的氧气在点燃条件下完全反应可生成 44 份质量的二氧化碳。显然,33 g 氧气并没有全部参加反应,所以生成二氧化碳的质量要小于 $(11+33)g$,即小于 44 g,故此题的说法是不对的。

例题 3:现有 A、B、C 三种物质的混合物,A 为 25 g,B 为 10 g,

C 为 5 g,将混合物置于密闭容器中共热至反应停止后,发现容器内含有 A 为 10 g,B 为 21 g,并有新物质 D 生成,求该反应中反应物与生成物之间的质量比。

解析:本题的解题突破口是由题目条件确定利用第一种理解形式,关键是弄清反应物有哪些? 生成物有哪些? 以及参加反应的各物质质量与生成的各物质质量分别是多少?

很明显,A 和 C 质量减少,为反应物。A、C 参加反应的质量分别是:A: 25 g－10 g＝15 g;C:5 g;B、D 质量增加,为生成物。B 生成的质量为:21 g－10 g＝11 g,由质量守恒定律,设生成 D 的质量为 x,则:15 g＋5 g＝11 g＋x,$x＝9$ g,故反应中 A、B、C、D 之间的质量比为15:11:5:9。

二、反应前后,元素种类不变,同种元素质量相等

这实际上是质量守恒定律的基础,也是化学反应前后质量为什么守恒的原因。

例题 4:某物质在氧气中燃烧后只生成水和二氧化碳,关于该物质的组成,下列说法中正确的是(　　)。

A. 一定含有 C、H、O 三种元素

B. 一定含有 C、H 元素,不含 O 元素

C. 一定含有 C、H 元素,可能含有 O 元素

D. 可能含有 C、H、O 元素

解析:从燃烧产物水和 CO_2 的组成来看,共含有三种元素,即

碳、氢、氧元素。根据质量守恒定律,化学反应前后元素的种类不会改变,可知反应物中必定也含有碳、氢、氧三种元素。由于可燃物是在氧气中燃烧的,即氧气中肯定含有氧元素,而且只含氧元素,所以可燃物中就一定含有碳、氢元素,而是否含有氧元素就不能确定了。故正确答案为C。

例题5:某有机物4.6 g完全燃烧,需耗氧9.6 g,生成CO_2 8.8 g,水5.4 g,试判断该有机物中( )。

A. 只含C、H元素

B. 只含C、H、O元素

B. 不只含C、H、O元素

D. 不含氧元素

解析:本题初看与例4相仿,学生很容易做错,实际上须通过计算来判断该有机物中所含元素。根据质量守恒定律,可知该有机物中含有C、H两种元素,关键是判断该有机物中有无氧元素和其他元素,计算可知:

8.8 g CO_2中含C质量:$8.8\ g \times \dfrac{12}{44} = 2.4\ g$

O质量:$8.8\ g - 2.4\ g = 6.4\ g$

5.4 g H_2O中含H质量:$5.4\ g \times \dfrac{1 \times 2}{18} = 0.6\ g$

O质量:$5.4\ g - 0.6\ g = 4.8\ g$

∵产物中C、H两种元素的质量总和为:$2.4\ g + 0.6\ g = 3.0\ g < 4.6\ g$

∴该有机物中不只含有C、H两种元素。

三、反应前后,各原子种类不变,各类原子个数也不变

既然反应前后元素种类不变,元素是同一类原子的总称,当然原子种类也就不变了。各类原子个数不变,实际上是质量守恒定律的微观含义,也是配平化学方程式的依据。

例题 6:黑火药是我国古代四大发明之一,黑火药爆炸的原理可以用化学方程式表示:

$S + 2KNO_3 + 3C == K_2S + N_2 + 3X\uparrow$,则 X 的化学式是(　　　)。

A. CO   B. SO_2 C. NO   D. CO_2

解析:由题目中的化学方程式可知,反应前后硫元素、钾元素、氮元素的原子数目均已守恒,反应物中还有 3 个碳原子、6 个氧原子,生成物 X 显然是由碳元素和氧元素组成。又 X 前有系数 3,所以每个 X 分子中有一个碳原子和 2 个氧原子。故正确答案为 D。

质量守恒定律从量的角度揭示了化学变化的实质,反映了化学变化前后物质之间的质量关系,是书写化学方程式、进行有关化学方程式计算的关键和依据,是帮助我们认识化学反应实质的重要理论工具。

学会了,练一练

1. 奥运会使用的火炬燃料 X 燃烧后不会对环境造成污染,该燃料燃烧的化学方程式为:$X + 5O_2 \xrightarrow{\text{点燃}} 3CO_2 + 4H_2O$,则燃料 X 的化学式为(　　　)。

A. C_3H_8 B. C_3H_4 C. $C_3H_8O_2$ D. C_3H_4O

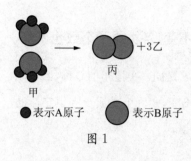

●表示A原子　　　○表示B原子

图1

2. 某化学反应的微观示意图如图1所示,下列判断错误的是(　　)。

A. 生成物乙是单质

B. 该反应中元素的化合价均发生了改变

C. 该化学反应中甲、丙、乙的分子个数比为2∶1∶3

D. 根据质量守恒定律可推知,1个乙分子中含有2个A原子

3. 在一密闭容器中加入甲、乙、丙、丁四种物质,在一定条件下发生化学反应,测得反应前及t_1、t_2时各物质质量如图2所示,说法错误的是(　　)。

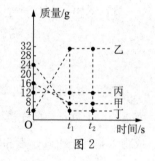

图2

A. 乙物质一定是化合物

B. 丙可能为该反应的催化剂

C. 该反应可表示为乙$\xrightarrow{丙}$甲+丁

D. 该反应中,参加反应的乙和丁的质量之比为7∶5

练一练答案:1. A; 2. B; 3. C

庄　璟

定量研究的方法——化学计量

化学式计算是初中化学计算中的一个重要组成部分,常在一模、二模、中考压轴题中出现,不少同学心理上对这类题目会有恐惧。这些化学式计算题按照常规的方法求解,不仅过程繁琐,计算量也较大。如果我们转换思维,采用不同的假设策略,常常能化繁为简,巧妙解题。

一、极值假设

极值假设就是将混合物的组成假设为多种极值情况,并针对各种极端情况进行计算分析,从而得出正确的判断。

例题1:一定量的木炭在盛有氮气和氧气混合气体的密闭容器中充分燃烧后生成 CO 和 CO_2,测得反应后所得 CO、CO_2、N_2 的混合气体中碳元素的质量分数为 24%,则其中氮气的质量分数可能为(   )。

A. 10% B. 30% C. 50% D. 70%

解析:本题采用极值假设法较易求解,把原混合气体分两种情况进行极端假设:

(1) 假设混合气体只含 N_2 和 CO,设混合气体中 CO 的质量分数为 x,则 $\dfrac{12}{28} = \dfrac{24\%}{x}$,可以算出 $x = 56\%$,则混合气体中 $N_2\%$:$1 -$

$56\%=44\%$；

（2）假设混合气体只含 N_2 和 CO_2，设混合气体中 CO_2 的质量分数为 y，则 $\dfrac{12}{44}=\dfrac{24\%}{y}$，可以算出 $y=88\%$，则混合气体中 $N_2\%$：$1-88\%=12\%$。

由于混合气体实际上由 CO、CO_2、N_2 三种气体组成，因此混合气体中 N_2 的质量分数应在 $12\%—44\%$ 之间，故符合题意的选项是 B。

二、中值假设

中值假设就是把混合物中某纯净物的量值假设为中间值，以中间值为参照，进行分析、推理，从而巧妙解题。

例题 2：仅含氧化铁（Fe_2O_3）和氧化亚铁（FeO）的混合物中，铁元素的质量分数为 73.1%，则混合物中氧化铁的质量分数为（　　）。

A. 30%　　　　B. 40%　　　　C. 50%　　　　D. 60%

解析：此题用常规法计算较为复杂。由化学式计算可知：氧化铁中氧元素的质量分数 $Fe\%=\dfrac{2Fe}{Fe_2O_3}\times100\%=\dfrac{112}{160}\times100\%=70\%$，氧化亚铁中氧元素的质量分数 $Fe\%=\dfrac{Fe}{FeO}\times100\%=\dfrac{56}{72}\times100\%=77.8\%$。假设它们在混合物中的质量分数各为 50%，则混合物中铁元素的质量分数应为 $\dfrac{70\%+77.8\%}{2}=73.9\%$。而该混合物中 $Fe\%$ 为 $73.1\%<73.9\%$，而氧化铁中铁元素的质量分数小于氧化亚铁中铁元

素的质量分数，因此混合物中氧化铁的质量分数应大于50％，只有选项D符合题意。

三、赋值假设

赋值假设就是在有关化学式的无数据计算以比值形式作已知条件或求比值的问题中，赋予某些特定对象具体的量值，化抽象为具体，以使问题顺利解决。

例题3：青少年应"珍爱生命，远离毒品"。海洛因是一种常用的毒品，其元素的质量分数分别为：C％＝68.29％；H％＝6.23％；O％＝21.68％，其余都为氮元素。已知其相对分子质量不超过400，则一个海洛因分子中氮原子个数为（　　　）。

A. 4　　　　　B. 3　　　　　C. 2　　　　　D. 1

解析：依题意可知海洛因中 N％＝1－68.29％－6.23％－21.68％＝3.8％，比海洛因中其他元素的质量分数都小，且氮原子的相对原子质量较大，因此我们不妨假设一个海洛因分子中氮原子的个数为1，可计算海洛因的相对分子质量＝$\dfrac{14}{3.8\%}$＝368＜400，恰好符合题意，故一个海洛因分子中氮原子的个数为1，此题的答案应选D。

四、等效假设

等效假设就是通过变换化学式，把复杂混合物的组成假设为若干个简单、理想的组成，使复杂问题简单化，从而迅速解题。

例题 4：已知在 $NaHS$、$NaHSO_3$ 和 $MgSO_4$ 组成的混合物中硫元素的质量分数为 $a\%$，则混合物中氧元素的质量分数为 ＿＿＿＿＿＿ ＿＿＿＿＿。

解析：解此类题用常规方法显然不行，必须巧解，把五种元素质量分数的计算转化为只含三种元素质量分数的计算。由于 Na 和 H 的相对原子质量之和是 24，等于 Mg 的相对原子质量为 24，所以可以将"NaH"视为与"Mg"等效的整体，据此，我们可以将原混合物假设为由 MgS、$MgSO_3$ 和 $MgSO_4$ 三种化合物组成。通过对混合物中各成分的化学式观察可以看出，无论三种纯净物以何种质量比混合，混合物中 Mg、S 的原子个数比固定为 $1:1$，混合物中 Mg、S 元素的质量比固定为 $24:32$，因为混合物中硫元素的质量分数为 $a\%$，则混合物中 Mg 的质量分数为 $\dfrac{24}{Mg\%} = \dfrac{32}{a\%}$，得到 $Mg\% = \dfrac{3}{4}a\%$，所以混合物 $O\% = 1 - a\% - \dfrac{3}{4}a\% = 1 - 1.75a\%$。

五、巧用定比

例题 5：$FeSO_4$ 和 $Fe_2(SO_4)_3$ 的混合物，其中 Fe 的质量分数是 31%，则混合物中氧元素的质量分数是（　　）。

解析：$FeSO_4$ 和 $Fe_2(SO_4)_3$ 的混合物中由铁、硫、氧三种元素组成，其中铁元素的质量分数为 31%，可得 $S\% + O\% = 69\%$。仔细分析 $FeSO_4$ 和 $Fe_2(SO_4)_3$ 的混合物，发现不管是 $FeSO_4$ 还是 $Fe_2(SO_4)_3$，硫元素的质量与氧元素的质量有固定的比值，为 $32:64$，即 $1:2$，又硫与氧元素的质量之和为 69%，则氧元素的质量分数为 46%。

例题 6：Na_2S、Na_2SO_3 和 Na_2SO_4 的混合物，其中 S 的质量分数是 25.6％，则混合物中氧元素的质量分数是（   ）。

解析：我们可以把 Na_2S、Na_2SO_3 和 Na_2SO_4 的混合物分为两种"成分"，一种是 Na_2S，另一种是 O 元素，很明显，在第一种"成分" Na_2S 中，钠元素与硫元素有固定的质量比，即 46：32，而 S％是 25.6％，则 Na％为 36.8％，则 O％为 $1-36.8\%-25.6\%=37.6\%$。

六、化合价法

所谓化合价法就是根据化合价和为零列出方程或方程组求解。

例题 7：Na_2S、NaBr 的混合物中，钠的质量分数为 37％，求 Br 的质量分数？

解析：将混合物中各元素的化合价利用起来，然后用正负化合价代数和等于零的规律（化合价法）去列式求解不失为一种巧妙的方法。首先，设混合物的相对质量为 100，Br 的相对质量为 x，则混合物中 Na 的相对质量为 37，硫的相对质量为 $(100-x-37)$，从而得出 Na、S、Br 三种原子的原子个数分别为：37/23、$(100-x-37)/32$、$x/80$；接着，利用化合价法则列出方程 $\dfrac{37}{23}+\dfrac{(-2)(100-x-37)}{32}+\dfrac{(-1)x}{80}=0$，解此化学方程式求出 x 的值为 46.6 克，得出混合物中 Br 的质量分数为 46.6％。

学会了,练一练

在混合物 CO、HCOOH 和 $C_2H_2O_3$ 中,氢元素的质量分数为 a,则碳元素的质量分数为 _____。

练一练答案: $(1-9a)\dfrac{3}{7}$

庄　璟

探寻科学的钥匙——实验探究

化学实验探究是我们获取化学知识、认识和解决化学问题的重要实践活动。经过亲身经历和实验探究活动的体验,可以理解化学的本质,学会实验探究的方法,提升实验探究能力。化学实验探究涉及提出问题、猜想或假设、制订计划、进行实验、收集证据、解释与结论、反思与评价、表达与交流等要素。

一、提出问题

化学实验探究是从提出问题开始的。问题的发现与提出,是根据自身的生活经验和知识储备,通过观察、分析、比较多角度的思维活动来实现的,它具有一定的方法和途径。

主要的方法和途径有:逆向提问法,如学习二氧化碳气体性质时,我们知道它不支持燃烧。逆向提问二氧化碳是否一定不支持燃烧(其实点燃条件下跟活泼金属镁等还是能反应的);追根问底法,如实验室制取二氧化碳气体时,为什么不用硫酸,而用稀盐酸等;异常发现法,如二氧化碳气体通入澄清石灰水,石灰水变浑浊后又变澄清,这是什么原因? 等等。

发现与提出问题一般有观察、描述、质疑与提炼四步。要提出一个实验探究问题,首先要按一定的程序有目的地仔细观察生活中的化学现象;其次是详细描述观察到的现象;第三是要分析现象,提出质疑,形成问题;第四是对问题进行提炼,形成能进行实验探究的科学问题。

案例：二氧化碳与氢氧化钠溶液的反应

观察：氢氧化钠溶液滴入盛有二氧化碳气体的可乐瓶中，旋紧盖子，振荡可乐瓶。

现象：瓶子变瘪。

质疑：瓶子变瘪是二氧化碳与水反应？还是与氢氧化钠反应？还是两者皆有？

提出问题：二氧化碳与氢氧化钠能发生化学反应吗？

学习中多观察、多分析、多思考就能发现问题和提出有探究价值的化学问题，有利于学生形成敢于质疑、独立思考的能力。

二、实验假设

化学实验假设是由问题决定的。假设是根据已有的知识经验或文献对已发现的问题给出的一种预测，这种预测可以是肯定的，也可以是否定的，也可以是中性的；假设也是一种尝试性解释，这种尝试性解释可能是正确的，也可能是错误。因此假设有待于实验验证。化学实验探究中的假设不是乱猜，而是建立在已有知识、经验和文献的基础上，有一定科学性，也能够通过实验验证，是可检验的。

案例：质量守恒定律的探究

问题：由水的状态变化与电解水的比较，提出问题，化学变化前后物质的质量会变化吗？

假设：化学变化前后参加反应的物质总质量与反应后生成物总

质量不会变化

假设的依据是，化学变化的本质是分子分成原子，原子重新结合成新的分子，反应前后原子不变，所以参加反应的物质总质量与反应后生成物总质量不会变化。

假设是根据已知科学知识对问题提出的一种尝试性解释，它是实验预期和实验方法步骤设计的依据，合理的假设是实验常用的思维方法，也是化学实验设计的基础。

三、实验方案设计与实施

化学实验方案设计主要包括七个方面：

1. 实验目的是实验的出发点和归宿。因此在实验设计前，必须对实验的目的要求非常明确。

2. 根据实验目的确定实验原理和方法，只有明确实验原理和方法，才能设计合理的实验。

3. 实验用品以及装置。根据实验目的和原理，以及反应物和生成物的性质、反应条件等，合理选择实验所需的仪器和药品。

4. 实验操作步骤设计。根据实验目的和原理，以及选用的实验仪器和用品，设计合理的实验装置和实验操作步骤，并绘制或识别相应的实验装置图。

5. 观察现象和数据。根据实验目的、原理和过程，预测实验将观察到的现象，以及实现实验目的要记录的数据。

6. 分析得出结论。根据实验观察的现象和数据，通过分析、计算、图表、推理等处理，得出正确的实验结论。

7. 评价实验方案。根据实验目的，对实验所采取的原理、实验装置、实验现象、实验过程、实验结果等分析和评判，并在评价的基础上做出改进。

化学实验设计与实施涉及多方面的内容,基本思路是:目的——假设——实验原理——仪器药品——方法——步骤——证据搜集——分析结论。

四、表达与交流

表达与交流是化学实验探究活动的重要环节。对实验探究过程和结果的表达方式有口头、文字、图表、模型、视频、网络等。

口头表达是最基本、最常用的方式。化学实验探究过程中,要敢于发表自己的观点,把自己的观点准确而明确地传递给他人,应善于倾听别人的意见。

要把探究的过程和结果清晰地记录下来,在探究过程中要学会做简单的记录;撰写实验探究报告,或制作交流PPT,进行实验探究过程和结论的交流活动。

图表和模型是直观的表达方式,能够将所要表达的内容直观地、整体地呈现出来。

表达与交流贯穿实验探究的整个过程,通过表达与交流,学会用化学语言表达思想,学会对事实与证据进行简单的加工与整理,学会合作的学习方法。

化学实验探究是经过自己亲身实验、探索、分析、研究得出结论,回答一个感兴趣的化学问题,并形成化学概念的一种认知活动,它能激发我们学习化学的兴趣与好奇心,又能培养我们的科学探究能力。

姚秋平

第四部分

掌握解决化学问题的金钥匙

做题三境界

王国维先生在《人间词话》中界定了成大事和做大学问的人必须经过的三层境界：

"昨夜西风凋碧树。独上高楼，望尽天涯路。"此第一境也。

"衣带渐宽终不悔，为伊消得人憔悴。"此第二境也。

"众里寻他千百度，蓦然回首，那人却在，灯火阑珊处。"此第三境也。

近三年中考，大家都觉得化学题不难，但真得高分的也不多。为此，我们在做化学试题的过程中也要讲境界，其中的境界既是指人的思想觉悟和精神修养，也是自我修持的能力，即修为的水平。要做好化学题，要过"三境界"——清概念、抓典型、成系统。

境界一：清概念

为了清概念，应当把上、下两册化学教材逐页翻阅，重点是黑体字概念和实验装置图，记忆每一条基本概念，能说出概念间的联系和区别，并能举例。然后，根据单元末的"小结与思考"样式进行整理，比如第一单元化学的魅力中，出现的重要概念是物理变化、化学变化、物理性质、化学性质、化学研究对象、纯净物、混合物、单质、化合物、游离态、化合态、化学式等，可以采用列表的形式进行对比，如表1所示：

表1

	物理变化	化学变化
定义	没有其他物质生成的变化	有其他物质生成的变化
特征	物质形态或状态的变化	有新物质生成
联系	物质在发生化学变化时，往往伴随有物理变化	

	物理性质	化学性质
含义	不需要化学变化就能表现出来的性质	物质在化学变化中表现出来的性质
示例	颜色、气味、硬度、熔点、沸点等	可燃性、助燃性、稳定性等

境界二：抓典型

将书本知识地毯式复习一遍之后，就要理论联系实际，开始要"抓典型"。典型的题目可以是教材、配套练习册里的题目，也可以是历年中考真题，掌握这些典型题目的基本出题角度、基本思想和基本解法，就能以不变应万变。比如说学完实验室制取二氧化碳，初中阶段的气体制备也都学完了，就可以训练这类典型题。

例题：实验室制备并收集二氧化碳。

（1）选用药品。按下表进行实验，取等质量的大理石加入足量酸中（杂质不与酸反应），产生二氧化碳体积随时间变化曲线，如图1所示：

实验编号	药　品
Ⅰ	块状大理石、10% H_2SO_4 溶液
Ⅱ	块状大理石、7% HCl 溶液
Ⅲ	大理石粉末、7% HCl 溶液

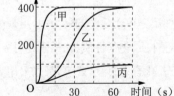

图1

图1中丙对应实验_____（选填"Ⅰ""Ⅱ"或"Ⅲ"）。确定用乙对应的药品制备并收集二氧化碳，相应的化学方程式是_____；不用甲对应的药品，理由是_____。

（2）如图2所示,搭建装置。组装简易启普发生器,应选用____ ____（选填编号）。

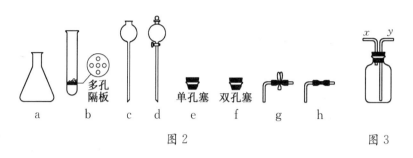

多孔
隔板

单孔塞　双孔塞

a　　b　　c　d　　e　　f　　g　　　h

图2　　　　　　　　　　　　　图3

（3）收集二氧化碳,用如图3所示装置收集时,空气从_____ （选填"x"或"y"）端排出。

（4）检验二氧化碳。写出检验时反应的化学方程式_____ _____。

解析:本题一共六个空格,分别是实验室制取二氧化碳和检验二氧化碳的化学方程式,分析图线表格对应的实验方案、方案选择的理由、多功能瓶使用等。实验题的背景和问题都源于教材,非常典型。

1. 由图可知,丙曲线表示产生的二氧化碳的速率较缓慢,说明碳酸钙是块状,盐酸的浓度最低,故是Ⅰ。碳酸钙与稀盐酸反应生成氯化钙、二氧化碳和水,反应的化学方程式为 $CaCO_3 + 2HCl \rightarrow CaCl_2 + H_2O + CO_2\uparrow$。由图可知,曲线甲产生二氧化碳的速率过快,不便于收集二氧化碳。

2. 制取二氧化碳用固液不加热型装置,简易启普发生器是可以将固液分离的装置,故选择的仪器有 b、c、f、g。

3. 二氧化碳的密度比空气的密度大,能溶于水,故选向上排空气法收集,二氧化碳由 x 通入,空气由 y 排出。

4. 检验二氧化碳用澄清石灰水,二氧化碳与氢氧化钙反应生成碳酸钙沉淀和水,反应的化学方程式为 $Ca(OH)_2 + CO_2 \rightleftharpoons CaCO_3 \downarrow + H_2O$。

境界三:成系统

把前两步工作做扎实了,顺理成章就达到了第三种境界,也即最高境界。这时你的脑子里已有了一张知识的网络,可以从基本概念、基本理论、元素化合物知识、化学实验、化学计算等构建自己的化学知识体系。

比如,学习了初中化学中碳及其化合物知识后,可以对物质进行系统地整理,并将它们之间的转化理清楚,如图 4、图 5 所示:

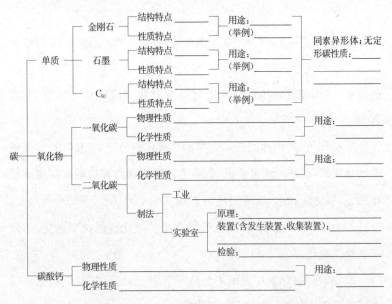

图 4

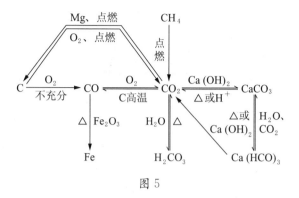

图 5

做题三境界也要通过一定数量的习题才能达到较好的效果,需要边实践边感悟。相信同学们会有"众里寻他千百度,蓦然回首,那人却在,灯火阑珊处"的惊喜。

学会了,练一练

请尝试按三境界自主复习一个单元或专题。

庄　璟

审题重细节

每次考试结束铃声一响,我最怕的就是学生乐呵呵地从考场出来,朝我大声说:"老师,这次化学考题太简单了!"我的经验告诉我,这次他们很可能考不好,究其原因是他们一看题目似曾相识,貌似容易,就放松警惕,结果马失前蹄。

事实上,大多数化学考题中都有值得关注的细节,可以说是无处不在,只不过深浅不同罢了。这些细节就是命题者故意设置的"陷阱",一般而言就会影响学生的解题思路和答题结果。如果审题不细,稍不留神就会误入歧途,连连丢分。

图 1

例题 1:用图 1 所示的密闭实验装置,能够使气球先膨胀,过一段时间又恢复到原状的一组固体和液体是(　　)。

A. 固体:硝酸铵;液体:水

B. 固体:生石灰;液体:水

C. 固体:碳酸钙;液体:稀盐酸

D. 固体:氯化钠;液体:水

解析:这道题目由文字和实验装置图构成,该实验装置的气球在外侧,导管连通着集气瓶,审题时要抓住"过一段时间又恢复到原状"这一关键细节,分析四个选项对应的反应,有的是物理变化,有的是化学变化,并描述出四个选项的实验现象,其中硝酸铵固体溶于水吸收热量,生石灰和水反应会放出大量的热,使容器内空气中的各气体分子间的间隙变大,导致瓶内压强增大,过一段时间,容器的温度降低恢复至室温,分子间间隙变小恢复到原来的状态,气球又会瘪掉。选项 C 与稀盐酸产生二氧化碳,瓶内分子数目增多,瓶内压强增大,气球鼓起来,但过一段时间不会恢复原状。选项 D 氯化钠溶于水温度变化不明显,故选 B。

小结:对于选择题而言,审题时要完整读完题干,重要细节是要找出限制的若干条件,若有实验装置图或图表,则应当联系符合所有题干的条件。

例题 2:化学反应的程度与反应物的浓度之间有一定的规律可循。某实验小组各取等质量的木炭和等质量的硫分别在容积相同的集气瓶中燃烧。记录如表 1 所示:

表 1

实验	实验步骤	实验现象		燃烧反应的化学方程式
A	① 木炭在空气中燃烧	① 木炭红热	产生的气体都能使澄清石灰水变浑浊	
	② 木炭在氧气中燃烧	② _____		
B	③ 硫在空气中燃烧	③ 微弱的淡蓝色火焰	产生的气体都有刺激性气味	
	④ 硫在氧气中燃烧	④ _____		

通过 A、B 两组对比实验现象,可以得出的规律是 _____

_____。

解析:这题是一道经典中考题,体现上海市中考的 8:1:1 的试题难度,前四个空格都比较简单,只需根据题意写出实验现象和化学方程式,最后一个空格是根据对比实验的现象得出规律,让不少学生失分。从审题角度看,解答实验题应先找到实验目的,也就是先找出实验探究的目的,此题的实验目的是化学反应的程度与反应物的浓度之间有一定的规律可循,即探寻反应物的浓度与化学反应剧烈程度的关系,题目中"等质量的木炭""等质量的硫""容积相同的集气瓶"等揭示了实验研究的方法——控制变量法。碳和硫在空气中燃烧的实质是与其中的氧气反应,空气中约含 1/5 体积的氧气,与纯氧相比,浓度约为 1/5,而从需要填写的实验现象的差异可以看出,在氧气中比在空气中反应更加剧烈。通过分析我们可以得出实验结论:反应物(氧气)浓度越大,反应越剧烈。

小结:对于实验题而言,审题时要认真阅读试题,准确完整地理解题意,重要细节就是要找出实验目的,实验方法常常是运用控制变量法和对比实验。

不少化学题文字稍多、篇幅较长,不少化学题还会有图像或表格等,同学们在做题时,不妨试试上述几种方法,养成良好的审题习惯,抓住重要的细节,你取得高分就指日可待了。

学会了,练一练

如图 2 所示,实验室里收集了一些溶质为 $FeSO_4$ 和 $CuSO_4$ 的废液,从中回收金属铜和硫酸亚铁溶液,设计了如下方案:

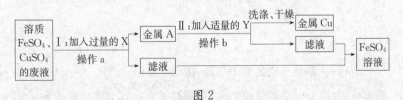

图 2

（1）步骤Ⅰ中有关反应的化学方程式是＿＿＿＿＿＿＿＿＿＿＿。

（2）步骤Ⅱ中所加试剂 Y 的名称是＿＿＿＿＿＿。

（3）加入过量 X 的目的是＿＿＿＿＿＿＿＿＿＿＿。

（4）操作 a 和 b 的名称是＿＿＿＿＿＿＿＿＿＿＿，所需要的主要玻璃仪器有烧杯、漏斗和＿＿＿＿＿＿。

（5）上述步骤＿＿＿＿＿（选填步骤编号）所包含的反应体现铁的活动性比铜强。

（6）步骤Ⅱ中经过洗涤、干燥可以得到纯净的金属铜,洗涤时检验金属铜是否已洗净的方法是＿＿＿＿＿＿＿＿＿＿＿＿＿＿＿＿＿。

练一练答案:

（1）$Fe + CuSO_4 = FeSO_4 + Cu$;

（2）稀硫酸;

（3）与硫酸铜充分反应;

（4）过滤,玻璃棒搅拌;

（5）Ⅰ、Ⅱ;

（6）加入稀硫酸,若无气泡产生,则说明 Cu 已洗净

庄　璟

速解选择题

同学们,在我们的学习经历中,有一种题型会一直伴随我们的学习,未来仍然会伴随着我们的成长,那就是选择题。选择题在中考化学试卷中占据 1/3 的重要位置。可以说快速准确的解答选择题是中考化学取胜的关键,也是迎接各类大考的法宝,今天就和大家分享快速解答化学选择题的一些方法。

1. 审题最重要,擒贼先擒王

审题是解题的关键,找关键词语进行圈画。

例题 1:实验室做蒸发实验时,下列说法正确的是(   )。

A. 加热蒸发皿需要垫上**石棉网**,用酒精灯外焰加热

B. 向蒸发皿中**倒满溶液**后,用微火慢慢加热

C. 等到蒸发皿中出现较多固体时,停止加热

D. 在蒸发溶液时,为防止析出固体沾到玻璃棒上,一般**不用玻璃棒**搅拌

首先,看题干,从 A 选项开始,蒸发皿不需垫石棉网;B 蒸发皿液体不能超过 2/3,将倒满划掉;C 正确,保证万无一失,四个选项看到底;D 蒸发时要用玻璃棒,所以将不用划掉,笃定选出正确答案 C。

2. 投"机"取巧

选择题和其他题型不同的地方在于,选择题往往只有四个选项,也就是说,选择题往往只需要选出一个答案即可,当遇到理不清楚的题时,不需要像简答题一样把题目完全理解透、吃透,只要通过选择题提供的特有信息,找到解题的突破口,突出重围,就能做出正确的判断。

例题2:下列选项中,会造成水体污染的有(　　　)。

①工业"三废"　②生活污水　③对原始森林的乱砍滥伐④滥用农药化肥　⑤水生植物的繁殖　⑥暴雨洪水激增

A. ①②③　　　B. ③④⑤　　　C. ①②④　　　D. ④⑤⑥

本题考查水体污染的相关问题。在 A、C 两个选项中都含有①②,直接看①就知道废气、废水、固体废弃物会导致水体污染,直接排除 B、D 两个选项。再看③,因为这是 A、C 两个选项的不同之处,显然对原始森林的滥砍滥伐可能造成水土流失,但与水体污染没有关系,故 C 答案正确。甚至不用去看其他的答案,我们就可以解出这个题目。你可能不能确定水生植物的繁殖是否对水体污染有影响,但你还是能够做对这道题目。

3. 排除法,在比较中见分晓

找出各要素的相同点与不同点,结合题中信息进行对比分析。

例题3:分离 $CaCl_2$、KCl 的固体混合物,可选用的一组试剂是(　　　)。

A. 水、硝酸银、盐酸　　　　　B. 水、碳酸钠、盐酸

C. 水、碳酸钾、硫酸　　　　　D. 水、碳酸钾、盐酸

对比分析 $CaCl_2$、KCl 两种物质含有相同元素氯——都可转化为氯化银,且该沉淀无法再转化(不与其他物质反应),所以不可能加硝酸银,故 A 不正确;$CaCl_2$、KCl 两种物质的不同之处就是钙元素——有碳酸钙沉淀,所以溶于水后先加碳酸盐,是加碳酸钠还是碳酸钾。题中要分离出氯化钾,所以选择碳酸钾;被过滤出来的碳酸钙需要转化为氯化钙,所以要加盐酸不加硫酸,在比较中正确答案 D 脱颖而出。

4. 聚焦核心知识,去伪存真

寻找核心知识,拨云见日。

例题 4:如图 1 所示装置中能控制反应的发生与停止,但不具有启普发生器工作原理的装置是( )。

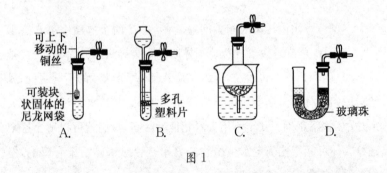

图 1

本题考查的是启普发生器的工作原理,核心知识是启普发生器的工作原理:能根据内外压强差控制固液分离反应停止,观察 A 选项与众不同,是依靠上下移动铜丝使固液分离、反应停止的。而 B、C、D 是符合的,关闭活塞,装置中气压增大,使液体压回,固液分离反应停止。故选项 A 正确。

5. 化学用语显神通

吃不准的题目,特别是选择题中的压轴题,不要胡乱猜,凭经验动笔在草稿纸上写一写化学用语,会茅塞顿开。

例题 5:下列各组变化中,每个转化在一定条件下均能一步实现的是(　　)。

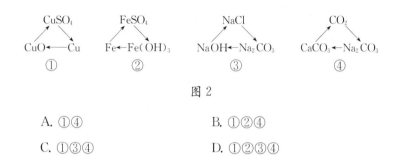

图 2

A. ①④

B. ①②④

C. ①③④

D. ①②③④

①可快速写出 $CuSO_4+Fe$,$Cu+O_2$,$CuO+H_2SO_4$,发现可一步实现;②$Fe(OH)_3$ 不能一步生成 Fe,②排除掉了;直接看③,$NaCl$ 不能一步生成 Na_2CO_3。这样答案已揭晓,A 正确,达到了快准。

6. 抓住关键信息,从选项入手更轻松

有时变换角度,从选项分析,既省时又准确。

例题 6:某种"酒精检测仪"利用的化学反应原理为:$C_2H_5OH+4CrO_3+6H_2SO_4 \stackrel{}{=\!=\!=} 2X+2CO_2\uparrow+9H_2O$,反应中红色的 CrO_3 转变为绿色的化合物 X。则 X 的化学式应为(　　)。

A. Cr_2O_3

B. $CrSO_4$

C. $Cr_2(SO_4)_3$

D. CrS

本题考查的关键是质量守恒定律,反应前后元素种类不变,每种原子个数相等,从选项入手,选项不同之处,Cr 和 S 的原子个数不同,所以先在化学方程式中找 Cr,反应前是 4 个 Cr,反应后 X 前有系数 2,所以 X 中含有 2 个 Cr,排除答案 B 和 D,再找 S,反应前有 S,生成物一定有 S,X 中一定有 S,答案 A 错,故答案 C 正确。

解化学选择题有很多方法和技巧,需要同学们在学习过程中不断探索、反思、总结和提升。下面几句顺口溜,可以让做题更轻松:

审题最重要,圈画少不了;

题干与选项,都要兼顾到;

夯实基本功,应用不发蒙;

试后多分析,错因要搞清;

重点记心中,触类又旁通。

学会了,练一练

1. 下列能观察到的实验现象是(   )。

A. 硫在空气中燃烧,发出明亮的蓝紫色火焰

B. 铁丝在空气中剧烈燃烧,火星四射

C. 红磷燃烧产生大量白色烟雾

D. 木炭还原氧化铜的过程中,黑色固体变成红色

2. 滴有酚酞的氢氧化钡溶液与下列物质恰好完全反应后,溶液仍显红色的是(   )。

A. HCl   B. CO_2 C. H_2SO_4 D. K_2CO_3

3. 把氧化铜和铁粉的混合物加到一定量的盐酸中,搅拌充分反应后过滤。取滤液加入少量铁粉,有气泡。则下列判断正确的是(   )。

A. 滤渣含铜和铁

B. 滤渣中含氧化铜与铜

C. 滤液中肯定含 $FeCl_2$ 和 $CuCl_2$

D. 滤液中肯定含 $FeCl_2$ 和 HCl

练一练答案:1. D; 2. D; 3. D

林凤春

万能配平法

化学方程式是用化学式表示化学反应的式子,是化学方程式计算的依据,配平的系数就是反应物和生成物之间物质的量之比或质量比,如何正确书写化学方程式呢?

化学方程式都要遵循客观事实和质量守恒定律。比如铁在氧气中燃烧生成的是四氧化三铁,而不是氧化铁,书写时在式子的左边写上反应物 Fe 和 O_2,并用"+"相连,式子的右边写上生成物 Fe_3O_4,式子的上面写上条件——点燃。

$$Fe+O_2 \xrightarrow{\text{点燃}} Fe_3O_4$$

式子两边的化学式前面要配上适当的化学计量数,使得式子左、右两边的每一种元素的原子总数相等。在上面的式子里,左边的氧原子的数字是 2,右边的氧原子数字是 4,两边的最小公倍数是 4,因此要在 O_2 前面写上化学计量数 2,Fe_3O_4 前的 1 省略不写。

$$Fe+2O_2 \xrightarrow{\text{点燃}} Fe_3O_4$$

式子右边的铁原子数是 3,左边的铁原子是 1,因此要在 Fe 前面配上化学计量数 3,并将短线改成等号。

$$3Fe+2O_2 \xrightarrow{\text{点燃}} Fe_3O_4$$

当书写一些复杂的化学方程式或者依据所给信息书写化学方程

式时,凑半天数也无法配平,下面给同学们介绍一种万能配平法。

例题:配平下列化学方程式

$$\underline{\quad}FeS_2 + \underline{\quad}O_2 \xrightarrow{\text{高温}} \underline{\quad}Fe_2O_3 + \underline{\quad}SO_2$$

解析:把 FeS_2 的计量系数定为"1",反应中其他物质的化学计量数定为 x、y、z。

则 $1FeS_2 + xO_2 \xrightarrow{\text{高温}} yFe_2O_3 + zSO_2$

根据题意可以得出:Fe 守恒 $1 = 2y$

S 守恒 $2 = z$

O 守恒 $2x = 3y + 2z$

解得: $y = \dfrac{1}{2}$, $z = 2$, $x = \dfrac{11}{4}$,代入后得

$1FeS_2 + \dfrac{11}{4}O_2 \xrightarrow{\text{高温}} \dfrac{1}{2}Fe_2O_3 + 2SO_2$,两边同时乘以 4

$4FeS_2 + 11O_2 \xrightarrow{\text{高温}} 2Fe_2O_3 + 8SO_2$

故答案为:4,11,2,8

小结:对于化学方程式配平,一般先用观察法和最小公倍数法,无法配平的可用此方案,这种方法适用于初中阶段的所有化学方程式,其要义就是先把某种物质的配平系数定为1,假设该物质的化学式已配平,然后将其他物质的化学式设为未知数,根据质量守恒定律反应前后原子个数不变,可以建立若干个方程组,解出未知数后,要将它们转变成最简整数比,最后再根据要求判断是否需要写

上↑或↓符号。

学会了，练一练

请对下列化学方程式进行配平：

1. ___ C_2H_2 + ___ O_2 — ___ CO_2 + ___ H_2O

2. ___ CO + ___ Fe_2O_3 — ___ CO_2 + ___ Fe

3. ___ C_2H_6O + ___ O_2 — ___ CO_2 + ___ H_2O

4. ___ H_2S + ___ O_2 — ___ SO_2 + ___ H_2O

练一练答案: 1. 2，5，4，2；2. 3，1，3，2；3. 1，3，2，3；4. 2，3，2，2

庄　璟

多法战除杂

丰富多彩的物质世界中,几乎都是混合物,而我们需要的是较为纯净的物质,此时就要用到除杂。除杂题是中学化学试卷中的常见题,类型较多、形式多样,主要涉及元素化合物和化学实验的综合运用。

例题 1:除去下列各物质中的少量杂质,所选用的试剂、方法能达到目的的是(　　)。

选项	物质	杂质(少量)	试 剂	操作方法
A	N_2	O_2	碳粉	将混合气体通过灼热的碳粉
B	NaOH 溶液	Na_2CO_3 溶液	氢氧化钙溶液	加入适量氢氧化钙溶液,过滤
C	氯化钠固体	泥沙	水	加水溶解,蒸发结晶
D	KCl 溶液	K_2SO_4 溶液	$Ba(NO_3)_2$ 溶液	加入适量 $Ba(NO_3)_2$ 溶液,过滤

解析:除杂的根本思想是在保持原物质不变的前提下,将杂质变为易于分离的物质,或者将杂质转换成需要的物质。A 选项中,N_2 和 O_2 是两种气体,将混合气体通过灼热的碳粉后,其中的 O_2 会和碳粉反应生成 CO_2,但 CO_2 是气体,仍会和 N_2 混在一起;B 选项中,加入适量氢氧化钙溶液,会发生化学反应,化学方程式为 $Na_2CO_3 + Ca(OH)_2 = CaCO_3\downarrow + 2NaOH$,过滤后得到 NaOH 溶液,可行;C 选项中,加水溶解后,泥沙不能溶于水,氯化钠固体能溶于水,直接蒸

发,水分蒸发后两种固体依旧混合在一起,不可行,应该在蒸发结晶前加过滤;D 选项中,加入适量 $Ba(NO_3)_2$ 溶液,会发生 $K_2SO_4 + Ba(NO_3)_2 \xrightarrow{\hspace{1cm}} BaSO_4\downarrow + 2KNO_3$,引入新的杂质 KNO_3,该物质易溶于水,会和 KCl 溶液混合,故不能达到实验目的。

根据上述例题的分析,我们一起分解各种除杂的方法。

1. 吸收法

两种以上混合气体中的杂质气体能被某种溶液吸收,从而使被提纯的气体不能被吸收时,可以选用此方法。

实验室用大理石和盐酸制取二氧化碳,有时盐酸的浓度较大,就会使生成的二氧化碳中混有一些氯化氢气体,还会混有一些水蒸气,此时可以选用吸收法来除杂,可以用碳酸氢钠溶液吸收氯化氢,再用浓硫酸吸收水蒸气。这里需要注意的是碳酸氢钠溶液和浓硫酸的顺序不能颠倒,因为通过碳酸氢钠溶液后会带出水蒸气,如果顺序颠倒则这部分水蒸气将无法除去。所以一般情况下,水蒸气是最后被除去的。相类似的还有实验室用过氧化氢溶液制取氧气,用锌粒和稀硫酸制取氢气,生成的气体中都会混有少量水蒸气,都可以用浓硫酸、生石灰、碱石灰(生石灰和烧碱的混合物)来吸收,起到除杂的目的。

2. 气体法

将混合物中杂质与适当试剂反应变成气体而除去。如氯化钠固体中混有少量碳酸钠杂质,可将混合物加水溶解,再加入适量或过量的稀盐酸,碳酸钠会和稀盐酸反应生成氯化钠、水和二氧化碳,再蒸发溶液,就得到纯净的氯化钠固体。

3. 沉淀法

将混合物中杂质与适当试剂反应,生成沉淀后通过过滤除去。

比如烧碱因露置在空气中,会有部分 NaOH 变成 Na_2CO_3,此时若要提纯 NaOH,可以加入适量的 $Ca(OH)_2$,与杂质 Na_2CO_3 发生反应,产生 $CaCO_3$ 沉淀和 NaOH。

例题2:下列混合物中的杂质(括号内的物质是杂质)适宜用气体法除去的是(　　)。

　　A. Na_2SO_4($MgSO_4$)　　　　B. NaCl[$Mg(OH)_2$]

　　C. KNO_3(K_2CO_3)　　　　　D. $NaNO_3$[$Ba(NO_3)_2$]

解析:A 中可以加入 NaOH 溶液将 $MgSO_4$ 转化为 $Mg(OH)_2$ 沉淀除去。同样可以用 Na_2SO_4 除去 $Ba(NO_3)_2$,产生 $BaSO_4$ 沉淀,所以 A 和 D 都是沉淀法。

小结:能用气体法除杂的题目一般都有明显的特征,杂质是碳酸根或活泼金属,可以加入相应的酸来转化为气体除杂。而用沉淀法时,需要注意加入的试剂是否会和需要提纯的物质发生反应,是否会生成新的杂质。

4. 置换法

将混合物中的杂质与适量试剂通过发生置换反应除去。如硫酸亚铁溶液中含有少量硫酸铜溶液,可加入适量的铁粉,使铁粉与硫酸铜溶液发生置换反应,再用过滤除去被置换出来的铜,就得到了硫酸亚铁溶液。

小结:最常见的考查方式是选择合适的试剂加入,通过发生化学反应而除去杂质。需要遵循的原则是加入的试剂只能与杂质反应，不能与被提纯物反应，且反应后不能引入新的杂质。学习了多种方法迎战除杂，快来小试牛刀吧。

学会了,练一练

1. 除去气体中的杂质,方法正确的是(　　)。

目的	除去 O_2 中的 CO	除去 CO_2 中的 CO	除去 H_2 中的 CO	除去 O_2 中的 H_2O
方法	通过灼热的 Cu 网	点燃	通过灼热的 CuO	通过固体 NaOH
选项	A	B	C	D

2. 除去下列物质中的少量杂质,所选用试剂及操作方法均正确的是(　　)。

选项	物质(括号内为杂质)	选用试剂	操作方法
A	$CO(CO_2)$	适量 O_2	点燃
B	NaCl 溶液(NaOH)	稍过量稀盐酸	蒸发
C	KNO_3 溶液(K_2SO_4 溶液)	过量 $Ba(NO_3)_2$ 溶液	过滤
D	$CaO(CaCO_3)$	足量水	过滤

练一练答案: 1. D; 2. B

庄　璟

突破图像题

著名数学家华罗庚曾说过"数缺形时少直观,形少数时难入微"。化学中也有一类根据化学反应原理用图形表示化学反应过程的题目,这类题目的特点是形象直观、简明清晰、综合性强等,在一些综合性考试中作为压轴选择题出现,既能考查学生化学基础知识,同时还能考查学生的观察、想象和分析能力。如何做好这类试题,尽量不丢分呢?

例题1:如图1所示,向一定量4%的氢氧化钠溶液中逐滴加入稀盐酸,有关分析错误的是(　　　)。

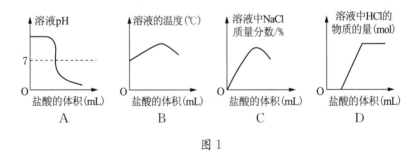

图1

解析:解化学图像题的一般思路是根据题意写出相关的原理化学方程式,然后分析反应中各种物质有关量的变化情况,再分析图线的横坐标、纵坐标、起点、变化趋势、转折点、终点等。

按此方法,第一步写出相关的原理化学方程式为 NaOH＋

HCl ══ $NaCl+H_2O$。

第二步:分析反应中各种物质有关量的变化情况。反应前溶液是 NaOH 溶液显碱性(pH 大于 7),起点大于 7,HCl 显酸性(pH 小于 7),向 NaOH 溶液中逐滴加入 HCl 时,溶液的 pH 逐渐减小,当 HCl 过量时,溶液的 pH 小于 7,所以选项 A 正确。NaOH 和 HCl 发生的是中和反应,放出热量,溶液的温度从室温下逐渐升高,直至反应完全,温度达到最高,继续加入盐酸,溶液温度又开始下降,逐渐恢复至室温,所以选项 B 正确。NaOH 和 HCl 反应生成 NaCl 和 H_2O,NaCl 的质量从零开始不断增加,直至反应结束不再增加。根据溶质质量分数的计算公式 $C\% = \dfrac{m_{溶质}}{m_{溶液}} \times 100\%$,溶液中 NaCl 的质量分数从零开始不断增加,直至反应结束,再加入盐酸后,$m_{溶质}$ 不再增加,而 $m_{溶液}$ 继续增加,故 NaCl 的质量分数不断下降,所以选项 C 正确。由于是逐滴加入 HCl,会和 NaOH 反应完全,所以一段时间内溶液中无 HCl,当反应完全后,随着 HCl 的不断滴入,溶液中才会有 HCl,且不断增加,所以选项 D 错误。

例题 2:如图 2 所示,实验过程与图像描述相符合的一组是(   )。

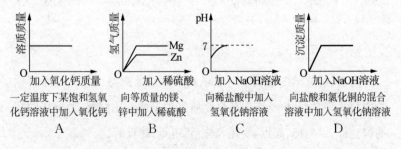

图 2

解析:选项 A 涉及的化学原理为 $CaO + H_2O =\!=\!= Ca(OH)_2$。向一定温度下的氢氧化钙饱和溶液中加入氧化钙,氧化钙会与水发生化合反应,使溶剂的质量减少,在该温度下,部分氢氧化钙会析出,即溶质质量减少,A 错;选项 B 涉及的化学原理为 $Mg + H_2SO_4 =\!=\!= MgSO_4 + H_2\uparrow$,$Zn + H_2SO_4 =\!=\!= ZnSO_4 + H_2\uparrow$,向等质量的镁和锌中分别加入稀硫酸,经计算可知同质量的镁比锌产生的氢气多,B 符合题意;选项 C 涉及的化学原理为 $NaOH + HCl =\!=\!= NaCl + H_2O$,向盐酸中滴加氢氧化钠溶液,溶液 pH 逐渐增大,当二者恰好完全反应时,溶液 pH 等于 7,继续滴加,溶液的 pH 开始大于 7,选项 C 错;向盐酸和氯化铜的混合溶液中滴加氢氧化钠溶液,反应原理为氢氧化钠首先与盐酸发生反应,当盐酸反应完毕后,氢氧化钠才与氯化铜发生反应,$2NaOH + CuCl_2 =\!=\!= 2NaCl + Cu(OH)_2\downarrow$。因此,反应一开始并没有沉淀生成,D 错误。故答案为 B。

小结:例题 1 涉及一个化学原理,例题 2 涉及四个化学原理,该图像题的四个选项考查了学生四个方面的化学知识,难度较大。首先根据横坐标和纵坐标的内容,明确图像表示的意思,然后逐个分析图像所给的信息是否与下面的实验内容相符。

该题的易错点是:

(1)A 中所加的物质与溶剂反应,溶剂减少,溶质析出,此温度下,溶液仍是饱和溶液,溶质质量分数不变,注意纵坐标不是溶质质量分数,而是溶质质量。

(2)B 选项横坐标是"加入稀硫酸的质量",纵坐标是"氢气质量",反映的是加入酸的质量与产生氢气的关系。

(3) C中横坐标是加入氢氧化钠溶液的质量,纵坐标是溶液的pH,当向稀盐酸中加入氢氧化钠溶液时,溶液的pH有这样的变化:从小于7到等于7再到大于7。

(4) 向盐酸和氯化铜溶液中滴加氢氧化钠溶液时,氢氧化钠溶液不是同时与盐酸和氯化铜发生反应,而是先和盐酸发生中和反应。

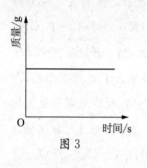

图3

学会了,练一练

1. 一氧化碳还原氧化铜的反应过程中,质量符合图3变化规律的是(　　)。

A. 产生二氧化碳的质量

B. 反应前后铜元素的质量

C. 氧化铜的质量

D. 固体中氧元素的质量

2. 向盛有10 g 49%稀硫酸的烧杯中加入0.1 mol的铁粉,充分反应后有固体残留,t_1时迅速倒入一定量的硫酸铜溶液,整个过程烧杯中溶液的质量随时间的变化如图4所示,分析错误的是(　　)。

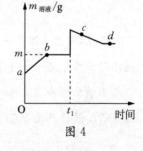

图4

A. $a \rightarrow b$点,溶液的pH逐渐增大

B. c点时,溶液中有两种溶质

C. d点固体,加入盐酸有气泡产生

D. $m = 12.7$ g

练一练答案:1. B;2. C

庄　璟

精解填空题

我们在化学试卷上用文字和化学符号写出答案，就是向阅卷老师展示我们的化学学习思想和成果。如果表达不规范，化学语言表达不到位，必然会导致失分。对于填空题而言，细致审题、精致做题、语言规范、表达专业、表述完整至关重要。

1. 细致审题，避免答非所问

例题 1：请从①石墨、②氧气、③二氧化硫、④甲烷、⑤碳酸钙等物质中选择用其化学式填空。

（1）天然气的主要成分是＿＿＿＿＿＿＿＿。

（2）可用作建筑材料的是＿＿＿＿＿＿＿＿。

（3）形成酸雨的主要气体是＿＿＿＿＿＿＿。

（4）可用于制铅笔芯的是＿＿＿＿＿＿＿＿。

解析：这类题目常在填空题第一题出现，题目要求用化学式填空，而有的同学答非所问，如把化学式写成了名称或者编号，把本来会做，完全有把握得到的 4 分丢掉，的确让人感到遗憾，其实这些都是"心浮气躁"惹的祸，以平静的心态，细致审题，争取简单的题目不因没看清楚要求而丢分。

2. 语言规范，不写错别字

要想书写规范不出现错别字，需要在平时的学习中勤写多练，加强记忆和理解,杜绝错别字,养成准确规范书写的好习惯,在考场上每分必争。化学上的各种仪器、药品名称常见的错别字有:"锥形瓶"写成"椎形瓶","饱和"写成"饱合","石棉网"写成"石绵网","镊子"写成"摄子","石蕊"写成"石芯","长颈漏斗"写成"长劲漏斗","元素"写成"原素","坩埚钳"写成"坩锅钳","金刚石"写成"金钢石","木炭、活性炭"写成"木碳、活性碳",等等。

3. 表达专业,不说行外话

化学是理科学科的不可分割的一部分,它是研究物质组成、结构、性质以及变化规律的一门自然科学。化学学科有其特有的化学语言系统,表达要专业,比如在描述沉淀的时候应当说上沉淀的颜色,比如白色沉淀碳酸钙、蓝色沉淀氢氧化铜等。再如描述一些反应现象时要将原来物质的颜色描述出来,变成什么颜色、状态的物质,如在检验水的实验中,硫酸铜和水发生反应生成硫酸铜晶体,现象为白色固体变成蓝色晶体;在紫色石蕊试液中通入二氧化碳,二氧化碳和水反应生成碳酸,碳酸溶液呈酸性,现象为紫色石蕊试液变红色等;在蒸发氯化钠溶液的实验中,氯化钠固体会从溶液中析出等。

4. 表述完整,不让分白丢

一些填空题设置了一分多空,也就是一个空格要求回答两个或两个以上的知识点,才能得到全部分数。有的同学往往对题干阅读不完整,对实验原理的分析不到位就匆忙回答,话说了一半就结束了,造成不必要的丢分。

例如:葡萄糖是生物的主要供能物质,在糖果制造业和医药领域有着广泛应用。如图 1 所示,某化学兴趣小组接到任务——探究葡

萄糖的组成元素。(老师提示:葡萄糖具有可燃性,完全燃烧生成二氧化碳和水)

【提出问题】葡萄糖组成元素是什么?

【作出猜想】猜想(1):葡萄糖由碳氢元素组成;猜想(2):葡萄糖由_____元素组成。

【设计实验】已知:氧化铜能确保碳元素完全转化为二氧化碳,澄清石灰水和硫酸铜足量。

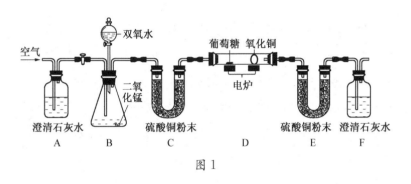

图1

【实验步骤】(1) 检查装置的_____后,装入葡萄糖和氧化铜,连接仪器。

(2) ……

【实验数据】D中葡萄糖起始质量为0.9克,E装置增重0.54克,F装置增重1.32克。

【实验现象】D中葡萄糖无剩余,D中氧化铜未变色,硫酸铜粉末变蓝、澄清石灰水变浑浊。

【实验结论与反思】

(1) A的作用是_____。

(2) B中反应的化学方程式为_____。

(3) C 中反应的化学方程式为_____,其作用是_____
_____。

(4) 根据_____,可证明葡萄糖中含有碳元素和氢元素。

(5) 小组同学利用测定的相关数据,通过计算最终得出葡萄糖由碳、氢、氧三种元素组成。请从上述实验设计的原理分析他们结论的获得是否严谨?_____。

解析:(1)中 A 的作用需要表述完整,平时的澄清石灰水的作用是检验是否有二氧化碳,而根据这道题目的实验目的"探究葡萄糖的组成元素",所以在灼烧葡萄糖之前,应将装置中的水蒸气和二氧化碳全部除尽,且 A 装置连通着空气,目的是除尽空气中的二氧化碳,防止干扰生成的二氧化碳的检验。(4)中要证明葡萄糖中含有碳元素和氢元素,要证明两种元素,则需要两个装置的实验现象,即通过 F 中石灰水变浑浊、E 中白色粉末变蓝色或从 E、F 增重等角度回答,这样完整的表述就能回答评分标准设置的得分要点,不让分白丢。

填空题一般占全卷三分之一的分值,做到认真书写,规范答题,准确表达,得高分并不难。

学会了,练一练

如图 2 所示,某小组设计实验制取二氧化碳并验证其性质(不考虑盐酸的挥发)。

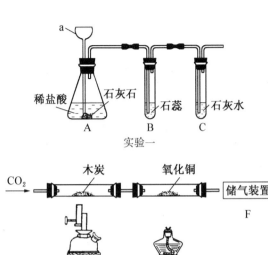

图 2

(1) 写出仪器 a 的名称_____。

(2) A 中发生反应的化学方程式是_____;B 中使石蕊变红的物质是_____;C 装置的作用是_____,观察到的现象是_____。

(3) 实验二中,先通入二氧化碳一段时间后再加热,目的是_____;D 处玻璃管中发生反应的化学方程式是_____;装置 E 的作用是_____。

(4) 设计实验证明储气装置中的一种气体成分。

步　　骤	现象及结论

练一练答案:

(1) 长颈漏斗;

(2) $CaCO_3 + 2HCl = CaCl_2 + H_2O + CO_2\uparrow$,$H_2CO_3$,检验二氧化碳,澄清石灰水变浑浊;

(3) 排尽空气,防止爆炸,$CO_2 + C \xrightarrow{\text{高温}} 2CO$,检验反应产物 CO;

(4) 倒入澄清石灰水,振荡,变浑浊,说明有二氧化碳

庄　璟

测空气成分

人类每时每刻都离不开空气,没有空气就没有生命,也就没有生机勃勃的绿色世界。你知道如何测定空气的成分吗?

1774 年,英国化学家普利斯特里用聚光镜加热氧化汞得到了氧气,当时他并不知道是氧气。1775年,他到巴黎讲学时,在法国科学院当众演示了这个制取氧气的实验,在场的法国化学家拉瓦锡受到启

图 1

示,设计了一个钟罩实验如图 1 所示:将汞放入曲颈瓶中加热,汞面浮起红色渣淬,继续加热 12 天,至红色渣淬不再增加。停止实验,冷却后测定,瓶内气体体积减小了 1/5,余下的汞和生成的红色渣淬的质量比原来汞的质量大。把燃着的蜡烛伸入玻璃钟罩内,蜡烛火焰立即熄灭。他又把红色渣淬收集起来加热分解,得到汞和无色气体,汞的质量和原先一样,气体的体积正好等于原先减少的体积。再把这种气体放入钟罩内,得到的混合气体跟空气性质完全一样,从而发现了空气的组成。

例题 1:图 2 装置是测定空气中氧气的体积百分含量的实验。

(1) 实验步骤分为以下几步:①点燃燃烧匙内的红磷;②燃烧冷却至室温,打开止水夹;③检验装置气密性;④将燃烧匙插入广口瓶,

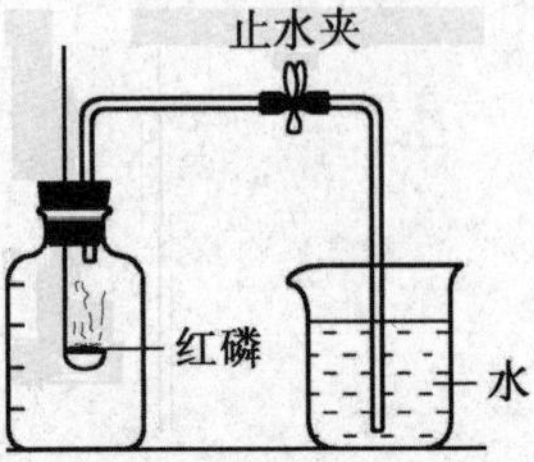

图2

并塞上塞子;⑤用止水夹夹紧橡皮管;⑥测量水的体积。正确的实验操作顺序应该是_____。

(2)完全反应后直至装置冷却,打开夹子,可以观察到的现象是_____,其原因是_____。

(3)测量氧气的体积实际是通过测量_____间接获得的。实验后发现测定的氧气的体积含量小于1/5,其原因可能有:_____;_____;_____。

(4)实验后广口瓶内剩下的气体主要是_____,该实验说明了这种气体具有的性质是_____;_____;_____。

解析:这是关于测定空气中氧气含量的基本题型,首先要理解相关的原理,即创设一个密闭的环境,利用可燃物燃烧空气中的氧气,如红磷、汞等,从而使容器内的压强小于外面大气压,待充分冷却后,测得液体进入容器内的体积即为消耗的氧气的体积,从而得出空气中氧气的体积分数。实验操作的顺序是先检验装置气密性,用止水夹夹紧橡皮管,点燃燃烧匙内的红磷,燃烧匙插入广口瓶,并塞上塞子,燃烧冷却至室温,打开止水夹,最后测量水的体积。该实验要成功,还需要注意分析实验结果偏小或偏大的原因,实验结果偏小的原因有装置的气密性良好、充分冷却、反应前后保证等温、红磷的用量过量,保证氧气反应完,生成物是固体。实验结果偏大的原因有没有夹弹簧夹,点燃红磷后,伸入燃烧匙太慢,都会导致集气瓶内气体排出,导致瓶内氧气消耗以外还有其他成分减少,倒吸入水的体积就大

于五分之一。该实验不能使用木炭和硫磺,因为它们在空气中燃烧消耗了氧气但又产生了二

图 3

氧化碳和二氧化硫气体,瓶内压强没有变化,会使实验结果偏小;若用镁带,则不仅与氧气反应,还能与氮气、二氧化碳在点燃条件下发生反应,实验结果也会偏大。铜和氧气在加热条件下生成氧化铜固体,可以代替红磷进行实验,如图 3 所示,实验中交替推动针筒,使铜丝和氧气充分反应,右侧针筒最终会从开始的第五格向左移动到第四格,消耗五分之一的氧气,从而测得氧气约占空气总体积的五分之一。

例题 2:空气中氧气含量测定的再认识。

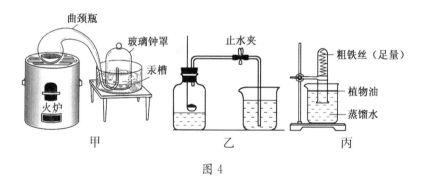

图 4

【经典赏析】教材中介绍了拉瓦锡用定量的方法研究空气的成分,实验装置如图 4 甲所示,实验中选择使用汞的优点有＿＿＿＿(填字母序号)。

A. 汞在汞槽中为液态,能起到液封的作用

B. 生成的氧化汞加热分解又能得到汞和氧气

C. 能将密闭装置内空气中的氧气几乎耗尽

【实验回顾】实验室常用红磷燃烧的方法测定空气中氧气的含量，装置如图4乙所示，写出红磷燃烧的化学方程式＿＿＿＿＿＿＿＿。兴趣小组用该方法测出的氧气含量远低于21%。

【提出问题】用红磷燃烧的方法为什么不能准确地测定空气中氧气的含量？

【进行猜想】(1)装置漏气；(2)＿＿＿＿＿＿＿；(3)＿＿＿＿＿＿。

【实验与交流】在老师的指导下，小明用过量的红磷进行实验，用测氧气浓度的传感器测得反应后装置内氧气浓度为6.2%，此数据说明反应后装置内氧气有剩余。

【实验探究】小明根据查阅资料得知，铁丝生锈的原理是铁与水和氧气反应生成铁锈，为了探究用铁能否准确测定空气中氧气的含量，进行了实验，装置如图丙所示。通过7天测得的数据，计算出空气中氧气的含量为19.13%。

【交流与反思】依据实验数据分析，与红磷燃烧的实验方法相比，用铁丝生锈的方法主要优点是＿＿＿＿＿＿＿＿＿。

解析：根据所学知识和题中信息可知，实验中选择使用汞的优点有：(1)汞在汞槽中为液态，能起到液封的作用；(2)生成的氧化汞加热分解又得到汞和氧气；(3)能使密闭装置内空气中的氧气几乎耗尽。用红磷燃烧的方法为什么不能准确地测定空气中氧气的含量？A. 装置漏气；B. 红磷的量不足；C. 反应后未冷却至室温就打开止水夹，装置密封良好，红磷过量，冷却后测量是顺利完成本实验的重要保证。反应后装置内氧气有剩余，据实验数据进行分析，与红磷燃烧的实验方法相比，用铁丝生锈的方法主要优点是装置内

残留的氧气更少,实验结果更准确**或铁丝生锈消耗氧气反应更
充分。**

小结:测空气成分的实验需要注意反应物的选择,一般选用红磷
或铜,若用木炭和硫酸做实验,需要将水换成可以吸收二氧化碳和二
氧化硫的氢氧化钠溶液,实验装置要气密性良好,实验前夹紧弹簧夹
(或止水夹),反应物稍过量,点燃后的红磷要快速伸入集气瓶并盖紧
瓶塞,待充分冷却后再打开弹簧夹(或止水夹),现在的考题还会结合
压强传感器、温度传感器、氧气浓度传感器等数字化仪器更加直观地
观察容器内的物理量变化,但本质是不变的。

学会了,练一练

几种测定空气中氧气含量的实验,如图 5 所示,请根据实验回答
问题。

(1) 拉瓦锡用定量的方法研究空气的成分,如图 5a 所示,通过实
验拉瓦锡得出了空气是由氧气和_____(填物质名称)组成,其中
氧气约占空气总体积的 1/5,该实验中选用汞的优点是_____。

A. 实验过程中没有污染

B. 能将密闭装置内空气中的氧气几乎耗尽

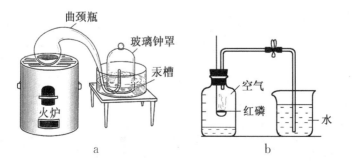

a   b

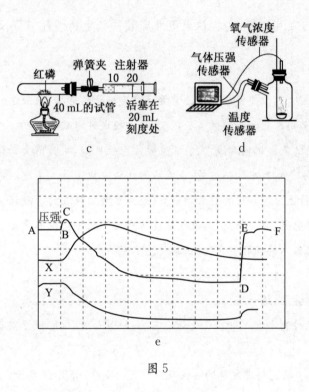

图 5

C. 实验仪器容易得到

D. 反应不需要条件

（2）实验室常用红磷燃烧的方法测定空气中氧气的含量,如图 5b 所示,写出红磷燃烧的化学方程式_____;测出的氧气含量常常远低于 1/5,可能的原因是_____。

（3）兴趣小组对图 5b 的实验进行了改进,设计了如图 5c 的实验。

实验前,打开弹簧夹,将体积为 25 mL 的注射器活塞前沿从 20 mL 刻度处推至 15 mL 刻度处,然后松开手,若活塞能返回原处,则说明_____。

实验时，先夹紧弹簧夹，用酒精灯加热红磷，可观察到的现象为_____；燃烧结束，等到试管冷却后再松开弹簧夹，注射器活塞会从原来的 20 mL 处移动，最终停留在约为_____mL(填整数)刻度处；若不使用弹簧夹，用酒精灯加热红磷，充分反应后冷却，注射器活塞最终又将停留在约为_____mL(填整数)刻度处。

对照图 5b 实验，你认为图 5c 实验有何优点? _____

_____

(4) 兴趣小组还设计了用传感器技术测定空气中氧气的含量，实验装置如图 5d 所示，反应过程中容器内的压强、温度和氧气浓度三条曲线变化趋势如图 5e 所示。其中 Y 表示的是_____变化的曲线；结合 X、Y 两条曲线，分析图 5e 中气体压强先变大后逐渐减小的原因_____。

练一练答案：

(1)氮气；B；(2)$4P+5O_2\xrightarrow{\text{点燃}}2P_2O_5$；红磷量不足，氧气没有完全反应掉；(3)装置的气密性好；红磷燃烧，产生白烟；12；8；误差小，便于读数；(4)氧气浓度；开始反应温度升高对气体体积的影响大于氧气减少，气体膨胀，压强升高；后逐渐变小是因为氧气减少对气体体积的影响大于温度升高，气体压强逐渐减小

庄　璟

燃烧的条件

火给人类带来了文明,但使用不当又会给人类造成灾难。我们的祖先无法理解燃烧现象,把火奉为"神灵",有的地方还有供奉火神祝融和灶王爷的民间习俗。如何科学地认识燃烧呢?

一、燃烧的条件探究

例题1:用如图1所示装置进行实验,升温至60 ℃的过程中,仅①燃烧;继续升温至260 ℃的过程中,仅③燃烧。下列分析不正确的是(　　)。

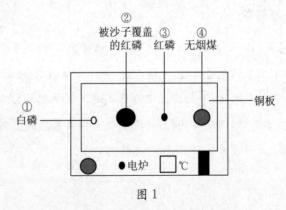

图1

A. ①燃烧,说明白磷是可燃物

B. 对比①③,可以说明红磷的着火点比白磷的高

C. 对比②③,可以验证燃烧需可燃物与氧气接触

D. ④未燃烧,说明无烟煤不是可燃物

解析:本题是一道有关燃烧条件的中考题,解题的关键是要理解燃烧要同时满足三个条件:①可燃物;②可燃物与助燃物接触;③达到可燃物的着火点。通过实验装置图,电炉可以调节温度,选项 A ①燃烧,说明白磷是可燃物,与助燃物氧气接触,温度达到了白磷的着火点,故选项 A 正确;选项 B 对比①③,升温至 60 ℃的过程中,仅①燃烧,可以说明红磷的着火点比白磷的高,故选项 B 正确;选项 C 对比②③,继续升温至 260 ℃的过程中,仅③燃烧,可以验证燃烧需可燃物与氧气接触,故选项 C 正确;选项 D④未燃烧,不能说明无烟煤不是可燃物,可能是因为温度没有达到煤的着火点,故选项 D 正确。

二、灭火原理的应用

例题2:实验时不小心打翻酒精灯着火了,正确的处理方法是（   ）。

A. 用水浇灭　　　　　　　B. 用湿抹布盖灭

C. 大声呼救　　　　　　　D. 打 119 求助

解析:所谓灭火,实际上就是破坏燃烧的条件,使燃烧反应停止。因此,可以根据燃烧的条件来分析、推断和理解灭火的原理和方法,主要有如下三种:

1.清除可燃物,或使可燃物与其他物品隔离,如森林失火时,经常砍倒一片树木(即造隔离带);2.隔绝氧气或空气,如油锅着火时可盖严锅盖;3.使温度降低到着火点以下,如用嘴吹灭燃烧的蜡烛。本题中打翻酒精灯着火,由于酒精的密度比水小,若直接用水浇灭,可能造成点燃的酒精漂浮在水面上,使着火的面积进一步扩大,而用湿抹布既可以将点燃的酒精与空气隔绝,又可以降低温度到酒精的着火点以下,操作简便而且灭火迅速。

三、拓展迁移

例题 3:化学老师给同学们表演了一个"水能生火"的魔术,如图 2 甲所示,他将包有过氧化钠(Na_2O_2)粉末的脱脂棉放在石棉网上,向棉花上滴了几滴水,棉花立刻燃烧了起来。同学们产生了浓厚的兴趣,为什么脱脂棉会燃烧起来呢?

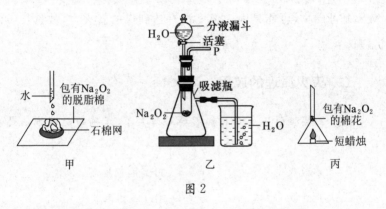

图 2

【提出猜想】

a. 小新认为过氧化钠(Na_2O_2)与水反应生成了可以支持燃烧的物质。

b. 小海根据燃烧的条件,对小新的猜想进行了补充:_____

_____。

【实验与分析】同学们设计了如图 2 乙所示的实验装置:

(1) 打开分液漏斗的活塞,控制水滴加的速度,看到试管中有气泡产生,将带火星的木条靠近 P 出口,看到木条复燃,可以推测此气体可能是_____。

（2）实验中还观察到，烧杯中的导气管口有气泡冒出，产生这一现象的原因是_____。

（3）完成了以上实验，老师介绍该反应的产物一共有两种，于是同学们又展开了进一步的研究，继续探究反应后生成的另一种物质。请你回答：另一种产物必含的元素是_____和_____。

【老师介绍】过氧化钠不仅可以和水发生反应，也可以和二氧化碳反应，也能生成氧气。因此，过氧化钠经常被用于为潜水艇和防毒面具提供氧气。

【补充实验】

明确了以上性质，小红同学又设计了一个实验，如图2丙所示：将一团包有过氧化钠的粉末的棉花塞到漏斗管中，漏斗下方点燃一支短蜡烛（蜡烛火焰与棉花不接触）。请回答：棉花_____（填"能"或"不能"）燃烧，主要是因为蜡烛燃烧生成能与过氧化钠（Na_2O_2）反应的物质_____，同时反应放热。

【实验反思】结合实验事实，同学们对运输过氧化钠固体提出了安全建议：_____（至少填写一条）。

解析：根据物质燃烧的条件：脱脂棉是可燃物，小新认为过氧化钠（Na_2O_2）与水反应生成了可以支持燃烧的物质，棉花要燃烧还需达到其着火点，据此分析：

（1）用带火星的木条靠近P处，木条复燃，说明该气体具有助燃性，是氧气。

（2）导管口冒出气泡，可能生成了气体，也可能气体的温度升高，通过分析并没有生成气体，只能是锥形瓶中的气体温度升高，故可知过氧化钠和水反应是放热反应。

（3）在化学反应前后，元素的种类不变，所以另一种产物必含的元素是 Na 和 H；补充实验中蜡烛燃烧生成水和二氧化碳，二氧化碳和水都可以和过氧化钠反应生成氧气，且放热可以使棉花的温度达到着火点，所以棉花能燃烧。通过上述实验分析可知，过氧化钠固体可以与水、二氧化碳发生反应，所以在运输时一定要隔绝空气和水。

本题答案为：猜此反应还会放热；O_2；过氧化钠与水反应放热使锥形瓶内压强增大；Na 和 H；能；水和二氧化碳；隔绝空气。

小结：本题考查了对燃烧条件的迁移能力，过氧化钠与水、过氧化钠与二氧化碳的性质并不是教材中学习过的，我们可以通过燃烧的现象分析可燃物燃烧的原因，即燃烧的三个条件是否同时满足，从而推断出过氧化钠的性质。

学会了，练一练

1. 了解防灾减灾相关知识，有利于保护人们的生命、财产安全。下列说法错误的是（　　）。

A. 严禁携带易燃、易爆物品乘坐火车

B. 为扑灭森林火灾，可将大火蔓延路线前的树木砍掉，形成隔离带

C. 生活中常用水来灭火，其原理是能降低可燃物的着火点

D. 火灾发生后应用湿毛巾捂住口鼻迅速逃离

2. 如图 3 所示，利用图 3 所示装置进行"白磷燃烧的条件"的探究。（白磷的着火点为 40 ℃）

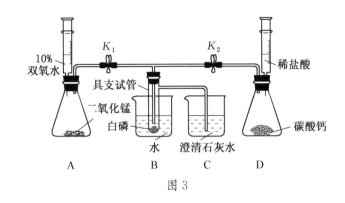

图3

（1）实验前,打开 K_1、关闭 K_2,或者打开 K_2、关闭 K_1,分别向上拉动两支注射器的活塞,均能出现_____现象,说明装置气密性较好。

（2）将装有适量白磷的具支试管放入 20 ℃冷水中,打开 K_1、关闭 K_2,往 A 中注入适量的双氧水,反应的化学方程式为_____

_____;B 中现象是_____,C 中的现象是_____

_____,解释 B 中产生此现象的原因是_____。

（3）关闭 K_1、打开 K_2,往 D 中注入适量的稀盐酸,当观察到

_____,说明二氧化碳与白磷充分接触。然后将 B 中的水换成 80 ℃的热水,白磷不燃烧,这样设计的目的是_____。

（4）打开 K_1、关闭 K_2,往 A 中注入适量双氧水,一段时间后 B 中白磷燃烧,此现象说明_____。此时再关闭 K_1、打开 K_2,往 D 中注入适量的稀盐酸,白磷的火焰熄灭,体现了二氧化碳_____的化学性质。

练一练答案:

1. C;

2. (1)C 中导管内液面上升;(2)$2H_2O_2 \xrightarrow{MnO_2} 2H_2O + O_2\uparrow$,无

现象,有气泡产生,温度没有达到白磷的着火点;(3)C装置中石灰水变浑浊,为说明二氧化碳不是白磷的助燃物(或为说明白磷不会燃烧是没有与氧气接触);(4)白磷燃烧的条件是温度达到它的着火点、且必须与氧气充分接触,既不支持燃烧、也不能燃烧

庄 璟

气体的制备

在初中化学里,我们主要学习氧气(O_2)和二氧化碳(CO_2)两种气体的制备实验,还会在题目中遇到有关氢气(H_2)、甲烷(CH_4)、氨气(NH_3)、硫化氢(H_2S)等气体的迁移问题,可以说气体的制备是每一份综合卷都会遇到的必考题型。

学习气体制备时应从制备药品、反应原理、收集方法、实验装置、检验和验满、操作要点等方面进行对比。通过对比,总结和归纳出实验室制取气体的思路,即:

1. 首先研究反应原理。实验室制取氧气原理为 $2KClO_3 \xrightarrow[\triangle]{MnO_2} 2KCl + 3O_2\uparrow$、$2H_2O_2 \xrightarrow{MnO_2} 2H_2O + O_2\uparrow$,实验室制取二氧化碳的原理为 $CaCO_3 + 2HCl \xlongequal{\quad} CO_2\uparrow + H_2O + CaCl_2$。

2. 根据所选药品的状态和反应条件,选择适当的仪器组成相应的实验装置;初中阶段涉及的装置主要有两种,如图1所示。

固固加热型

固液不加热型

图 1

3. 根据实验装置的特点,设计合理的实验操作步骤,预测可能的注意事项。

4. 根据所制取的气体的性质,选择相应的收集、检验、验满及验纯的方法。气体的收集装置:根据气体的溶解性及密度,选择用排水法(气体难溶于水)或向上排空气法(气体密度比空气大)、向下排空气法(气体密度比空气小)进行收集,如下表所示。

收集方法	适用范围	优缺点	装 置
排水集气法	适用于难溶于水,或不易溶于水,且不与水发生反应的气体	收集的气体较为纯净,但不够干燥	
向上排空气法	适用于相同状况下,密度比空气大,且不与空气中任何成分反应的气体	收集的气体较干燥,但纯度相对较低	
向下排空气法	适用于相同状况下,密度比空气小,且不与空气中任何成分反应的气体	收集的气体较干燥,但纯度相对较低	

例题:图2是实验室制取气体常见的装置,据图回答有关问题。

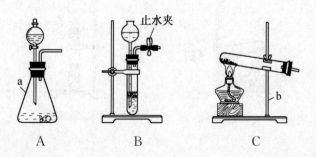

A   B   C

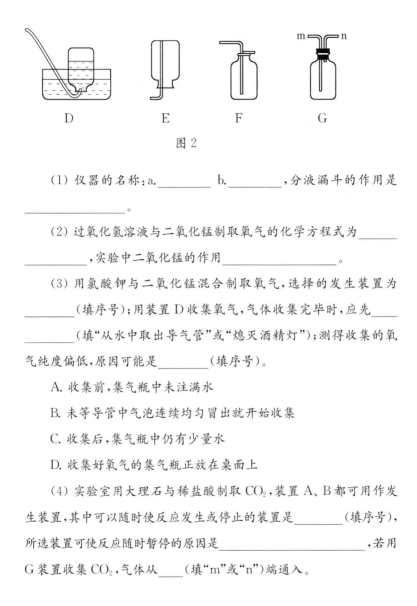

图 2

（1）仪器的名称：a._____ b._____,分液漏斗的作用是

_____。

（2）过氧化氢溶液与二氧化锰制取氧气的化学方程式为_____

_____,实验中二氧化锰的作用_____。

（3）用氯酸钾与二氧化锰混合制取氧气,选择的发生装置为

_____（填序号）;用装置 D 收集氧气,气体收集完毕时,应先____

_____（填"从水中取出导气管"或"熄灭酒精灯"）;测得收集的氧

气纯度偏低,原因可能是_____（填序号）。

A. 收集前,集气瓶中未注满水

B. 未等导管中气泡连续均匀冒出就开始收集

C. 收集后,集气瓶中仍有少量水

D. 收集好氧气的集气瓶正放在桌面上

（4）实验室用大理石与稀盐酸制取 CO_2,装置 A、B 都可用作发

生装置,其中可以随时使反应发生或停止的装置是_____（填序号）,

所选装置可使反应随时暂停的原因是_____,若用

G 装置收集 CO_2,气体从____（填"m"或"n"）端通入。

解析：根据实验装置图填写仪器名称锥形瓶、铁架台,分液漏斗
的作用是添加液体,优点是控制液体滴加的量从而得到平稳的气流。

过氧化氢溶液与二氧化锰制取氧气的实验中,二氧化锰的作用是加快反应速率或催化作用。由于氯酸钾和二氧化锰都是固体,而且是在加热条件下制取氧气,属于固体加热型装置,所以选择 C。用排水法收集气体,当气体收集完毕时,应先从水槽中取出导管,再熄灭酒精灯,这样做的目的是为了防止水槽中的水倒流引起试管破裂。测得收集的氧气纯度偏低,简易启普发生器装置 B 可使反应随开随用,随关随停,原因是关闭止水夹后,产生气体不能导出,试管内气压增大,将液体压入长颈漏斗内,固液分离,反应停止。二氧化碳的密度比空气大,从 m 端进入集气瓶后,空气从 n 端排出。

小结:在气体的制备考题中,常见考点是填写仪器名称,书写制取气体的原理,发生装置和收集装置的选择,装置的优化和改进,制取气体的操作顺序和注意点,实验误差分析等。

学会了,练一练

如图是实验室制取和收集气体的常见装置,回答下列问题:

(1) 装置中仪器标号①②的名称是_____、_____。

(2) 实验室利用 C、E 组合,可以制取_____气体;装置 C 与 B 相比优点是_____。

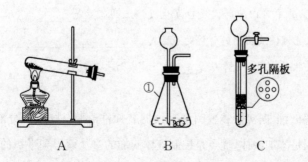

A   B   C

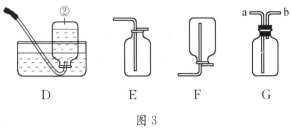

图 3

（3）实验室加热氯酸钾制氧气，化学方程式是＿＿＿＿＿＿＿
＿＿＿＿＿＿，选用装置是＿＿＿＿（填序号）。若用 D 装置收集氧气，收集氧气完毕后先移导管后熄灭酒精灯的原因是＿＿＿＿＿＿
＿＿＿＿。

（4）G 装置具有广泛的用途。若收集某种气体，需要利用装置 G 由 b 端进入，则可推测该气体具有什么性质？＿＿＿＿＿。若要将储存在 G 中的氧气排出，水应从＿＿＿＿（填"a"或"b"）口进入。若用 G 装置测量收集到的气体体积，还需要用到的仪器是＿＿＿＿。

练一练答案：

（1）锥形瓶，集气瓶；

（2）CO_2，可控制反应的发生和停止；

（3）$2KClO_3 \xrightarrow[\triangle]{MnO_2} 2KCl + 3O_2 \uparrow$，A，防止水的倒吸、试管破裂；

（4）密度比空气小，a，量筒

庄　璟

物质的检验

看过动画片《名侦探柯南》的同学一定会被侦探们高明的推理能力所折服。我国古代用银针来试毒,现代用酒精测试器来判断是否有酒后驾车的情况,都需要有一定的推断能力,这些方法都是依据现象来判断是否有这种物质,也就是物质的检验。

例题 1:有 4 种失去标签的溶液,它们是:① KCl;② $Ba(NO_3)_2$;③ $AgNO_3$;④ $FeCl_3$。不另加其他试剂,只用它们相互反应加以鉴别,鉴别出的先后次序应是(　　)。

A. ①②③④　　B. ④③①②　　C. ③①②④　　D. ③①④②

解析:本题考查盐的化学性质和常见物质的颜色。题目中 4 种物质只有 $FeCl_3$ 溶液呈黄色,其他三种物质的溶液无色,这样就可以先把 $FeCl_3$ 识别出来,然后将剩下的三种溶液分别与 $FeCl_3$ 反应,只有 $AgNO_3$ 溶液会发生反应,产生白色沉淀,然后将剩下的两瓶液体再和 $AgNO_3$ 溶液反应,KCl 溶液会产生白色沉淀,$Ba(NO_3)_2$ 溶液不发生反应,所以先后次序应是 B。

此题不外加试剂就能确定溶液的成分,是不是很神奇?那么检验、鉴别、鉴定,三者之间有什么关系呢?

检验包括鉴别和鉴定,它们的相同点是都需要根据物质的特征反应,选择恰当的试剂与方法,准确观察反应中的颜色变化、沉淀的生成或溶解、气体的生成与气味,加以判定,得出结论,必要时写出化学方程式。不同点是:鉴定是根据物质的某些特征,用实验方法分别检出阴、阳离子及有关成分来确定是某种物质;鉴别是根据几种物质的不同特性,用实验方法将它们一一区别。

物质检验的操作步骤包括:物理方法:依据特殊性质进行观察、分析、判断,得出结论;化学方法:分别取少量待鉴别的溶液(如是固体,先取少量配成溶液)加入试管中,分别加入试剂充分反应,观察反应现象,根据图像分析、判断,得出结论,写出有关反应的化学方程式。

可归纳为:取样→物质→方法→现象。

初中阶段常见物质的主要化学特征及重要化学反应现象总结如下:

1. 常见气体的检验方法及现象,如表1所示:

表1

物质	方法或装置	反应现象	原理(化学方程式)
O_2	带火星的木条	木条复燃	氧气具有助燃性
H_2O	无水 $CuSO_4$	无水,$CuSO_4$,由白变蓝	$CuSO_4 + 5H_2O = CuSO_4 \cdot 5H_2O$
H_2	无水$CuSO_4$	氧化铜由黑色变成红色,无水,$CuSO_4$,由白色变成蓝色	$H_2 + CuO \xrightarrow{\triangle} H_2O + Cu$ $CuSO_4 + 5H_2O = CuSO_4 \cdot 5H_2O$
CO_2	澄清石灰水	澄清石灰水变浑浊	$Ca(OH)_2 + CO_2 = CaCO_3 \downarrow + H_2O$
CO	澄清的石灰水	氧化铜由黑色变成红色,澄清石灰水变浑浊	$CO + CuO \xrightarrow{\triangle} Cu + CO_2$ $Ca(OH)_2 + CO_2 = CaCO_3 \downarrow + H_2O$

2. 常见元素、离子、物质的检验方法及现象,如表2所示:

表2

物质	检验试剂	反应现象	结论或化学方程式
钠元素	焰色反应	火焰呈黄色	/
钾元素	焰色反应	透过蓝色钴玻璃火焰呈紫色	/
酸(H^+)	紫色石蕊试液	紫色石蕊试液变成红色	有 H^+
	加入锌粒	产生大量气泡,气体能燃烧	$Zn+H_2SO_4=\!=\!=ZnSO_4+H_2\uparrow$ $2H_2+O_2\xrightarrow{点燃}2H_2O$
碱(OH^-)	无色酚酞试液	变红色	有 OH^-
	紫色石蕊试液	紫色石蕊变成蓝色	有 OH^-
盐酸及可溶性盐酸盐的检验	$AgNO_3$ 和稀 HNO_3	白色沉淀	$AgNO_3+HCl=\!=\!=$ $AgCl\downarrow+HNO_3$
硫酸及可溶性硫酸盐的检验	$BaCl_2$ 或 $Ba(NO_3)_2$ 溶液和稀 HNO_3	白色沉淀	$BaCl_2+H_2SO_4=\!=\!=$ $BaSO_4\downarrow+2HCl$ $Ba(NO_3)_2+H_2SO_4=\!=\!=$ $BaSO_4\downarrow+2HNO_3$
碳酸盐的检验	稀盐酸、澄清石灰水	产生大量的气泡,生成的气体使澄清石灰水变浑浊	$CaCO_3+2HCl=\!=\!=$ $CaCl_2+H_2O+CO_2\uparrow$ $Ca(OH)_2+CO_2=\!=\!=$ $CaCO_3\downarrow+H_2O$

例题2:学习化学知识和技能,可以帮助我们鉴别和检验物质。现有两瓶失去标签的无色溶液,其中一瓶是氢氧化钙溶液,一瓶是稀盐酸。为了鉴别它们,同学们设计了如下实验方案:先给两瓶溶液贴上标签 A、B,然后分别取样进行实验。请将表3的横线部分填写完整:

表3

	加入的试剂	现　　象	结　　论
方案1	二氧化碳	A中溶液变浑浊,B中无明显现象	A是＿＿＿＿＿溶液, B是另一种溶液。
方案2	碳酸钠溶液	＿＿＿＿＿＿＿＿＿＿＿＿	
方案3	试剂X	……	

【方案1】写出方案1中发生反应的化学方程式＿＿＿＿＿＿＿

＿＿＿＿＿＿。

【方案2】如图1所示,小华同学对方案2进一步探究,设计了如下实验方案:

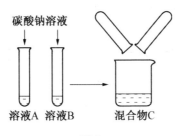

碳酸钠溶液

溶液A　溶液B　　混合物C

图1

将反应后的A、B溶液混合(固体不倒入),可能出现以下三种情况:

(1)当混合物C中有白色沉淀产生时,写出其中发生反应的化学方程式＿＿＿＿＿＿＿＿＿,反应的基本类型是＿＿＿＿＿＿＿。

(2)当混合物C中有气泡冒出时,则溶液A反应后的上层清液中含有的溶质是＿＿＿＿＿＿＿＿。

(3)当混合物C无明显现象时,混合物C中一定含有的溶质是

＿＿＿＿＿＿。

【方案3】完成方案3:请从下列提供的试剂中选出所有能鉴别这

两种物质的试剂_____(填序号)。

①酚酞溶液 ②pH试纸 ③铁片 ④稀硝酸 ⑤氧化铜

【拓展】选择与上述三种方案中不同类别的物质来鉴别这两种物质,你选择的试剂是_____(写化学式)。

解析:本题的背景是鉴别氢氧化钙溶液和稀盐酸,鉴别要根据物质的不同性质加以区分,如氢氧化钙溶液中的溶质是碱,具有碱的通性,稀盐酸具有酸的通性。通入二氧化碳,A溶液变浑浊,B中无明显现象,因为二氧化碳会和氢氧化钙溶液反应,生成白色沉淀,即变浑浊的现象,化学方程式为$Ca(OH)_2 + CO_2 == CaCO_3\downarrow + H_2O$,而稀盐酸不能和二氧化碳反应,所以A溶液是氢氧化钙($Ca(OH)_2$)。碳酸钠溶液会和氢氧化钙溶液反应产生白色沉淀碳酸钙,化学方程式为$Na_2CO_3 + Ca(OH)_2 == CaCO_3\downarrow + 2NaOH$,该反应属于复分解反应。碳酸钠溶液与稀盐酸反应生成氯化钠、水和二氧化碳,会有大量气泡产生,所以A中溶液变浑浊,B中有气泡产生。溶液A和碳酸钠溶液反应后溶液中的溶质有三种可能,分别是NaOH;NaOH、$Ca(OH)_2$;NaOH、Na_2CO_3。溶液B和碳酸钠溶液反应后的溶液中的溶质也有三种可能,分别是NaCl;NaCl、HCl;NaCl、Na_2CO_3。当混合物C中有气泡冒出时,则溶液A反应后的上层清液中含有的溶质是NaOH、Na_2CO_3。当混合物C无明显现象时,混合物C中一定含有的溶质是NaCl。酚酞溶液、pH试纸、铁片、氧化铜在氢氧化钙溶液中与稀盐酸有不同的现象,硝酸与氢氧化钙溶液能反应,但没有明显的实验现象,不能用来鉴别。根据盐酸的化学性质,还有碱可以用来鉴别,一般选用难溶于水的沉淀,如红褐色沉淀$Fe(OH)_3$或蓝色沉淀$Cu(OH)_2$为宜,遇到盐酸会有沉淀消失,形成棕黄色溶液和蓝色溶液的现象,可以用来鉴别。

学会了,练一练

对生活污水再利用是节水的重要手段。某生活污水含有碎菜叶、泥沙,可能含有可溶性物质氯化钠和碳酸钠。

(1)去掉水中的碎菜叶等较大的固体后,再对污水进行_____操作。可除去其中泥沙等小颗粒物质。

(2)为了检验经(1)处理后的水样中是否存在氯化钠、碳酸钠,某同学设计了实验流程,如图2所示:

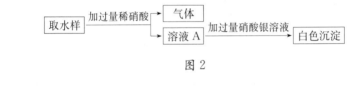

图2

检验气体的试剂是_____。溶液 A 中含有的溶质是_____。在水样中加入稀硝酸不能改成稀硫酸,理由是_____。

结论:该生活污水中含有_____(写化学式)可溶性物质。

练一练答案:

(1)过滤;(2)澄清石灰水,$NaNO_3$、$NaCl$ 和稀 HNO_3,硫酸根会对检验氯化钠产生干扰,Na_2CO_3 和 $NaCl$

庄 璟

193

金属活动性

有位化学老师教学生背了一个口诀:嫁给那美女,身体细纤轻;统共一百斤。其实这是金属活动性顺序表的谐音,对应的是钾 K 钙 Ca 钠 Na 镁 Mg 铝 Al 锌 Zn 铁 Fe 锡 Sn 铅 Pb 氢 H 铜 Cu 汞 Hg 银 Ag 铂 Pt 金 Au,细心的同学一定会发现,说好的金属活动性顺序表,怎么会有非金属 H 混在其中呢?

1865 年,俄国化学家贝开托夫在实验的基础上,根据金属和金属离子间互相置换能力的大小,以及金属与酸、与水等反应的剧烈程度,首先确定了金属活动性顺序,这个顺序就已包括了氢。因为氢可以被位于它前面的金属从稀酸里置换出来,而氢后面的金属不能从稀酸中置换出氢。这就是说,贝开托夫当时区分金属的活泼与不活泼,是以氢作为标准的。

在不断地科学实验后,科学家陆续得到了金属活动性顺序,在初中阶段有几点应用:

(1) 排在 H 前的金属能与稀酸(HCl、H_2SO_4 等)反应生成氢气。例如:$Zn+2HCl\Longrightarrow ZnCl_2+H_2\uparrow$。

(2) 活动性强的金属(除 K、Ca、Na 外)能把活动性弱的金属从它的盐溶液中置换出来。例如:湿法炼铜 $Fe+CuSO_4\Longrightarrow FeSO_4+Cu$,铁的表面有红色固体生成,溶液从蓝色变成浅绿色。

(3) 铁发生置换反应,生成的盐是亚铁盐。例如:$Fe+H_2SO_4\Longrightarrow FeSO_4+H_2\uparrow$,$Fe+2AgNO_3\Longrightarrow Fe(NO_3)_2+2Ag$。

（4）活动性强的金属优先反应,活动性弱的金属优先被置换。例如:①Fe 放入硝酸银和硝酸铜的混合溶液中,先和硝酸银反应,再与硝酸铜反应。②Fe 和 Cu 放入硝酸银溶液中,铁先和硝酸银溶液反应,铜再与硝酸银溶液反应。

例题 1:根据金属活动性顺序判断,组内物质间能够发生化学反应的是(　　)。

A. Cu 和稀盐酸　　　　　　　　B. Cu 和 ZnSO₄ 溶液

C. Ag 和稀硫酸　　　　　　　　D. Zn 和 AgNO₃ 溶液

解析:本题需要运用金属活动性顺序表来判断化学反应能否进行。只有金属活动性大于 H 的金属,才能与稀酸反应,产生盐和氢气。金属还能和盐反应,该反应能进行的条件是:①只有活动性较强的金属才能将活动性较弱的金属元素从它的盐溶液中置换出来;②钾、钙、钠三种极活泼的金属一般不参与这类反应,因为它们首先能与水反应生成相应的碱和氢气;③该盐反应只能在盐溶液中进行,因此只有可溶性盐才能发生反应。纵观本题选项,选项 A 中因 Cu 的活动性小于 H,故铜不能与稀盐酸发生反应。选项 B 中 Cu 的活动性小于 ZnSO₄ 中 Zn 的活动性,故不发生反应。选项 C 中 Ag 的活动性小于 H,故 Ag 和稀硫酸也不发生反应。D 中因 Zn 的活动性大于 AgNO₃ 中的 Ag,故 Zn 能和 AgNO₃ 溶液反应。

金属活动性顺序不但要记住,而且要能够运用。通过跟同浓度的盐酸反应剧烈程度的比较,可判断金属活动性的强弱。通过是否能跟盐反应和发生金属的置换反应,也能判断金属活动性的强弱。

例题 2：某学生探究金属单质的活泼性时发现，X、Y 都能与稀硫酸反应放出氢气，而 Z 不能；Y 能在 X 的盐溶液中置换出 X，它们的金属活动性顺序为＿＿＿＿＿＿＿＿＿。

解析：探究金属活动性强弱的方法一：将金属 A 和金属 B 放入同浓度、同体积的稀盐酸或稀硫酸中，若一个能反应，另一个不能反应，则能反应的金属活动性大于不能反应的金属；若两个都能反应，则反应快的金属活动性大于反应慢的；若两个都不能反应，则需要通过方法二再进行比较。探究金属活动性强弱的方法二：将金属 A 放入金属 B 的盐溶液中，若能置换，则金属 A 的活动性大于金属 B；若不能置换，则金属 A 的活动性小于金属 B。所以本题答案为 Y＞X＞Z。

例题 3：在硝酸银和硝酸铜的混合溶液中加入一定量的铁粉，充分反应后，过滤反应的混合物。在滤液中滴加盐酸有白色沉淀产生，则过滤得到的金属是（　　　）。

A. Fe、Cu B. Cu

C. Fe、Cu、Ag D. Ag

解析：本题涉及金属活动性顺序表的运用和盐酸的化学性质。在硝酸银和硝酸铜的混合溶液中加入铁粉后，根据金属活动性顺序表，活动较强的金属（除 K、Ca、Na 外），可以把活动性较弱的金属，从它的盐溶液中置换出来，涉及的化学方程式为：

① $Fe + 2AgNO_3 == Fe(NO_3)_2 + 2Ag$

② $Fe + Cu(NO_3)_2 == Fe(NO_3)_2 + Cu$

根据加入铁粉的量的多少，先进行反应①，再进行②，有五种不

同的情况,如下表所示:

情况	反应程度	过滤得到的金属	滤液中的溶质
1	① 部分反应	Ag	$Fe(NO_3)_2$、$Cu(NO_3)_2$、$AgNO_3$
2	① 恰好完全反应	Ag	$Fe(NO_3)_2$、$Cu(NO_3)_2$
3	① 恰好完全反应,② 部分反应	Ag、Cu	$Fe(NO_3)_2$、$Cu(NO_3)_2$
4	①②均恰好完全反应	Ag、Cu	$Fe(NO_3)_2$
5	①②已恰好完全反应,Fe 过量	Ag、Cu、Fe	$Fe(NO_3)_2$

分析上述五种情况,在滤液中加入盐酸有白色沉淀产生,此沉淀为 $AgCl$,只有第 1 种情况符合,①部分反应,即 $AgNO_3 + HCl =$ $AgCl\downarrow + HNO_3$,此过滤得到的金属为 Ag。滤液为未全部反应完的 $AgNO_3$,未反应到的 $Cu(NO_3)_2$ 和生成的 $Fe(NO_3)_2$。在解此类题目的时候,要先熟记金属活动性顺序表,会运用如下原理:活动性强的金属(除 K、Ca、Na)能把活动性弱的金属从它的盐溶液中置换出来,铁发生置换反应,生成的盐是亚铁盐;活动性强的金属优先反应,活动性弱的金属优先被置换。根据反应量的多少,确定反应的完成程度,最终确定滤渣和滤液的组成。所以本题选 D。

金属活动性顺序表其实不只这些内容,有兴趣的同学还可以再找些资料作为拓展,在以后的学习中还会有更多的应用。

学会了,练一练

1. 在探究铁、铜、锌、银的金属活动性顺序时,小组同学设计了如图 1 所示的实验:(所用金属的形状与大小和稀盐酸的用量及浓度均相同)

(1)一段时间后,可明显观察到实验 B 的现象是 _____ _____,反应的化学方程式是 _____。

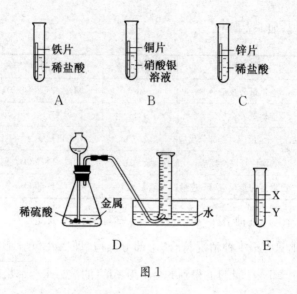

图 1

（2）甲同学认为通过观察 A 和 C 中_____实验现象来比较锌与铁的金属活动性；乙同学拟用定量的方法测定锌和铁的活动性强弱，设计如图 1D 所示，可以测定_____来确定。

（3）丙同学认为上述实验方案不足以得出 4 种金属活动性顺序，需要在上述实验的基础上，补充实验 E，其中 X 金属是_____，Y 溶液是_____。

2. 某电镀厂为减少水污染及节约成本，从含有硫酸铜、硫酸锌、硫酸亚铁的废水中回收重要原料硫酸锌和有关金属，实验过程如图 2 所示：

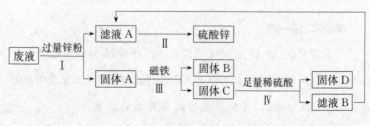

图 2

(1) 步骤Ⅰ、Ⅳ包含的相同操作是＿＿＿＿＿＿＿。

(2) 写出步骤Ⅰ中反应的化学方程式＿＿＿＿＿＿＿＿＿。

(3) 上述步骤＿＿＿＿＿(选填步骤编号)所包含的反应体现了锌的活性比铜强。

(4) 要计算该废液中硫酸铜的质量,必须要称量＿＿＿＿＿＿的质量。(实验过程中的物质损失忽略不计)

(5) 判断步骤Ⅳ中加入足量的稀硫酸的方法是＿＿＿＿＿＿＿

＿＿＿＿＿＿。

练一练答案:

1. 铜片表面有银白色固体析出,$Cu+2AgNO_3 = 2Ag+Cu(NO_3)_2$,产生气泡的速率快慢(反应的剧烈程度),相同时间内收集的气体体积(收集相同体积的气体所需的时间),铁(铜),硫酸铜(稀盐酸/稀硫酸/硫酸亚铁);

2. 过滤,$Zn+CuSO_4 = ZnSO_4+Cu$;$Zn+FeSO_4 = ZnSO_4+Fe$,Ⅰ和Ⅳ,固体D,取固体D、滴加稀硫酸、无气泡则稀硫酸足量(取滤液B,加锌,有气泡则稀硫酸足量)

庄 璟

无数据计算

无数据也能计算？你没听错。中学化学中就有这样一类只有文字叙述，没有具体数据的无数据计算题。因为没有数据，所以解题显得抽象，难以捉摸，难度较大。对此类计算题，更要认真审题，从文字叙述中挖掘隐含条件，分析题意，根据发生的反应，找出质量变化的原因，找到相关的数据及等量关系，然后列化学方程式解题。

例题1：某一定质量的木炭和铜粉的混合物，在空气中加热，使其充分反应，冷却后称量，发现残留固体的质量等于原混合物的质量，求原混合物中含碳的质量分数。

解析：根据题意，找出涉及的化学原理，写出化学方程式：

$$C + O_2 \xrightarrow{\text{点燃}} CO_2$$

$$2Cu + O_2 \xrightarrow{\triangle} 2CuO$$

可见：C、Cu 和 O_2 变成了 CuO 和 CO_2

$$m(Cu) + m(C) = m(CuO)$$

因为反应前后 Cu 的质量不变，所以原混合物中 C 的质量等于 CuO 中的氧元素质量，氧化铜中氧元素的质量分数就等于原混合物中碳元素的质量分数，因为 CuO 的式量是 80，所以氧化铜中 O％＝

$$\frac{O}{CuO} \times 100\% = \frac{16}{80} \times 100\% = 20\%。$$

例题2:将一定质量的碳酸钙和铜粉的混合粉末,放置于敞口的坩埚中,加热煅烧使之完全反应,冷却后称量发现,剩余固体的质量与原混合物质量相等。求原混合物中铜的质量分数。

解析:根据题意,找出涉及的化学原理,写出化学方程式:

$$CaCO_3 \xrightarrow{\text{高温}} CaO + CO_2\uparrow \quad \text{固体质量减少}$$

质量比　100　　　　56　　44　　　　44

$$2Cu + O_2 \xrightarrow{\triangle} 2CuO \quad \text{固体质量增加}$$

质量比　128　32　　　　160　　　　　32

由此可得出质量关系为

$$m(CaCO_3) + m(Cu) = m(CaO) + m(CuO)$$

$$m(CO_2) = m(O_2)$$

设碳酸钙的质量为100 g(式量为100),氧化铜的质量为 x g。则每100 g碳酸钙分解减少的质量44 g,等于铜氧化成氧化铜过程中需要的氧气的质量,可列出比例式:

$$\frac{128}{x} = \frac{32}{44} \quad \text{得到} x = 176 \text{ g,即铜的质量为176 g}$$

$$Cu\% = \frac{176}{176 + 100} \times 100\% = 63.9\%$$

有同学会问,为什么没有数据却可以算出结果呢?其实是因为这些题目涉及的化学反应中,各反应物和生成物之间的质量存在着一定的比例关系,反应前后,参加化学反应的各物质的质量总和等于反应后生成的各物质的质量总和,有了这一些质量关系,就能解决无数据的计算题了,是不是很神奇呢?

学会了,练一练

1. 一定质量的硫酸溶液中不断加入氯化钡溶液,直到反应刚好完全完成,发现析出沉淀的质量跟原硫酸溶液的质量刚好相等。求该硫酸溶液中硫酸的质量分数。

2. 煤矿中常混有甲烷,俗称坑气。在采煤过程中,若不注意通风,当矿井中积聚的甲烷气体在空气中的体积分数(爆炸极限)为5.0%—15.0%时,遇到火种就会发生爆炸,这就是瓦斯爆炸。请通过计算求出当空气中甲烷的体积分数为多少时,遇火爆炸最激烈?(资料库:①空气中氧气约占总体积的$\frac{1}{5}$;②同温同压下,气体的体积之比等于气体的分子数之比)

练一练答案:1. 42.1%;2. 9.1%

庄璟

破解综合实验题

化学综合实验题常常将化学实验基本操作与化学反应原理结合起来,将物质的制取、检验、除杂、分离等与化学实验装置及基本操作结合起来,考查学生运用所学的化学基础知识和技能分析问题、解决问题的能力和水平。

化学综合实验题主要有以下几种类型:

题型 1:给定实验装置和操作过程,在解决问题中,考查知识的理解与应用能力

破解此类实验综合题的关键是要理解实验的目的,并能根据典型的实验现象分析问题。解题中要重点把握:反应原理与条件;仪器、装置用途;反应物、生成物的色、态、气味、溶解性等;变化中的现象,如颜色、状态的变化、气体和沉淀的生成、固体的溶解以及光和热的变化等。

例题 1:乙醇(C_2H_5OH)完全燃烧时生成 CO_2 和 H_2O。如果氧气不充足,乙醇燃烧可能还生成 CO。现用如图 1 装置进行实验,确证乙醇燃烧产物中有 CO、CO_2 和 H_2O。

请回答下列问题:

(1) 能确证产物中有 H_2O 的现象是＿＿＿＿＿＿;能确证产物中有 CO 的现象是＿＿＿＿＿＿。

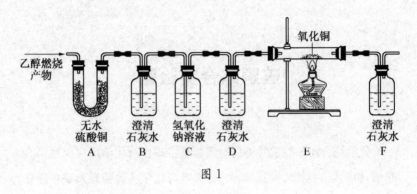

图1

（2）实验时，可观察到装置B中石灰水变浑浊，D中石灰水无变化。B装置的作用是_____，C装置的作用是_____，D装置的作用是_____。

分析步骤与方法如表1所示：

表1

分析步骤		方　　法
实验目的		确证乙醇燃烧产物中有 CO、CO_2 和 H_2O
实验原理	检验 CO	燃烧——生成 CO_2，通入澄清石灰水，石灰水变浑浊 与 CuO 反应，黑色固体变红色，气体通入澄清石灰水，石灰水变浑浊
	检验 CO_2	通入澄清石灰水，石灰水变浑浊
	检验 H_2O	通过 $CuSO_4$，白色固体变蓝色
实验装置		

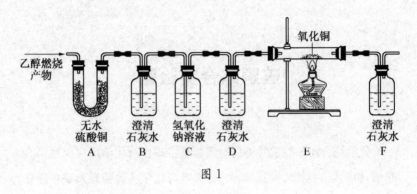

204

续表

分析步骤	方　　法
答案	(1) 白色无水硫酸铜变蓝,黑色氧化铜变红,F中澄清石灰水变浑浊; (2) 检验乙醇燃烧产物中的二氧化碳,除去二氧化碳,检验二氧化碳是否除净
思考	设计 C、D 装置的目的是什么? 本实验设计主要缺陷是什么?

题型 2:根据实验原理、步骤(流程)选择仪器、药品,检验与推断物质,考查对知识的综合应用与实验重组能力

破解此类实验综合题的关键是理解实验的目的,因为其他问题都是围绕目的展开的。解题中要重点把握:确定相应的实验原理、装置和现象;熟悉仪器、装置用途以及盛放试剂的作用;根据实验目的,分析实验步骤(或流程)。

例题 2:有一包白色粉末,可能含有硫酸铜、氯化钠、氯化银、硫酸钠、碳酸钾中的一种或几种,现进行下列实验操作:

(1) 将白色粉末放入足量水中,得无色澄清溶液。

(2) 向得到的无色澄清溶液中加入氯化钡溶液,有白色沉淀生成。

(3) 向白色沉淀中加足量的稀硝酸,有部分沉淀溶解,并生成能使澄清石灰水变浑浊的气体。根据以上实验推断:

A. 该白色粉末中一定有_____,一定没有_____,可能有_____(均写化学式)。

B. 设计实验对可能存在的物质进一步验证,填写表 2:

表 2

实验步骤	实验现象	实验结论

分析思路如图 2 所示:

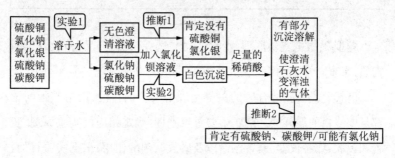

图 2

思考:设计实验对可能存在的物质进一步验证时,需要注意什么?

检验是否有氯化钠时,要注意硫酸钠、碳酸钾的干扰;

检验时先要除去硫酸钠、碳酸钾——过量硝酸钡溶液;

再取上层清液——硝酸银、稀硝酸。

题型 3:根据实验信息及有关数据,综合考查学生定量处理问题的能力

破解此类实验综合题的关键是在定性实验的基础上结合定量分析,揭示各个因素之间的数量关系。解题思路是分析测定目的与原理、实验装置最后数据测量与处理。

例题 3:化学兴趣小组的同学用图 3 装置测定水中氢、氧元素的质量比,其方法是分别测定通氢气前后 B 装置玻璃管的质量差和 U 型管的质量差,然后计算确定水中氢、氧元素的质量比。

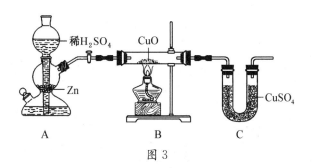

图 3

请回答下列问题:

(1) 写出装置图中:装置 A 的名称_____,该装置内发生反应的化学方程式为_____。

(2) 装置 B 的玻璃管内可观察到的现象是_____,发生反应的化学方程式为_____,该反应中属于氧化剂的物质是_____；装置 C 的 U 型管内 $CuSO_4$ 的作用是_____。

(3) 理论上水中 $m(H):m(O)=1:8$,该实验测得 $m(H):m(O)>1:8$。如果不考虑空气中水分的影响,分析导致这一结果的关键原因是_____,改进方法是_____。

破解本题需要注意:

(1) 实验室是用锌和稀硫酸在常温下制取氢气的,氢气中通常带有水蒸气。

(2) 氢气具有可燃性和还原性,因此使用氢气时,要注意验纯。

(3) 氢气和氧化铜在加热的条件下反应生成铜和水,氢气做还原剂,氧化铜做氧化剂。

(4) 无水硫酸铜一般是检验是否有水生成的,可吸收少量水。

分析步骤与方法如表3所示:

表3

分析步骤	方　　　法
实验目的	确定水中氢、氧元素的质量比
实验原理	氢气还原氧化铜 $H_2 + CuO \overset{\triangle}{=\!=\!=} Cu + H_2O$ 测定氢气与氧化铜反应前后氧化铜的质量减少和生成水的质量
实验装置	(1) 称量反应前后"$CuO \overset{\triangle}{\longrightarrow} Cu$"的质量差量即:$m(O)$的质量; (2) 称量反应前后"$CuSO_4 \longrightarrow CuSO_4 \cdot 5H_2O$"的质量差量即: $m(H_2O)$的质量; (3) 氢元素的质量 $m(H) = m(H_2O) - m(O)$
答案	(1) 酒精灯,启普发生器,$Zn + H_2SO_4 =\!=\!= ZnSO_4 + H_2 \uparrow$; (2) 黑色变红色,$H_2 + CuO \overset{\triangle}{=\!=\!=} Cu + H_2O$,氧化铜,检验是否有水生成; (3) 氢气中含有水蒸气,将氢气干燥

破解此类综合实验题常用的方法有:

(1) 通过测定反应体系反应前后的质量差异,确定气体的质量。

(2) 通过测量吸收装置吸收前后的质量差得到气体的质量。

(3) 采用排水量气法测量它们的体积,根据排出的水的体积来确定气体的体积。

题型4:根据化学原理设计实验方案,考查实验设计的思维和创新能力

破解此类综合实验题要求考生结合已有知识,在分析题干提供

信息的基础上，自行设计一个实验方案，或根据实验现象推导实验结论。

破解重点是：实验原理与方法；试剂与仪器的选用；实验过程的可控与安全；实验现象明显；物质的制备、净化、吸收和存放；合理的组装仪器，装置的连接顺序大体可概括为：气体发生→除杂质→干燥→主体实验→尾气处理。

破解思路如下：

（1）明确实验的目的和原理。实验原理可以从题目给出的化学情景并结合元素化合物等有关知识获取。

（2）理清实验操作的先后顺序。根据由实验原理所确定的实验方案中的实验过程，确定实验操作的方法步骤，把握各步实验操作的要点，理清实验操作的先后顺序。

（3）分析各项实验装置的作用。认真细致地分析图中所示的各项装置，并结合实验目的和原理，确定它们在该实验中的作用。

（4）得出正确的实验结论。在分析实验现象（或数据）的过程中，要善于找出影响实验成败的关键以及产生误差的原因，或从有关数据中归纳出定量公式，绘制一定的变化曲线等。

综合实验题是以化学基础知识与技能为载体，考查学生知识迁移到不同情境的能力，扎实的基础是解题的前提。每一个实验都有目的，综合实验题中试剂选择、装置连接、实验方法步骤的设计要依据实验目的，因此，破解综合实验题应先从实验目的与原理着手，然后结合问题，运用有关化学知识和实验技能对实验的仪器、步骤、方法进行逐步的分析研究，找出突破口。

姚秋平

不惧万能瓶

在初三化学学习中,我们先后学习了实验室制取氧气和二氧化碳的装置,这些装置包括气体的发生装置、除杂净化装置、检验装置、收集装置等。中考化学试卷中是如何考察这些知识点的呢? 我们一起来看一道近年的中考题:

例题:图1装置可用于气体的收集、检验、除杂和体积的测量等,不能完成的实验是(　　)。

图 1

A. 气体从 a 端通入,收集氧气

B. 瓶内装有澄清石灰水,检验氧气中是否混有二氧化碳

C. 瓶内装有氢氧化钠溶液,吸收一氧化碳中混有的二氧化碳

D. 在 b 端接量筒,瓶内装满水,测量气体的体积

解析:通过分析,选项 A 收集氧气,使用的是向上排气法,气体由 a 进入,空气从 b 排出,是正确的。选项 B、C 是检验和除杂二氧化碳,气体均从长导管进入液体中,也是正确的。选项 D 是排水法收集气体,气体应从短导管 b 进入,水从长导管 a 排出,是错误的。因此。该题选择 D。

要想准确解答这道中考题,必须全面掌握该装置的不同用途。这套装置叫做万能瓶,是一个由导管、胶塞、集气瓶组成的装置。因用途广、使用方便被称为万能瓶。可用于收集气体、检验气体、观察

气体输出快慢,也可发挥洗气瓶的作用。通常包括一个长导管,一个短导管,也可能是两个长导管或两个短导管。如图2所示:

图2

1. 排空气法收集气体(选A装置)

瓶中不需要装任何试剂,使用上取决于气体的密度与性质:

(1)收集密度大于空气(气体的式量>29),且不与空气反应的气体,如:氧气或二氧化碳,气体从长导管进入,空气从短导管排出。

(2)收集密度小于空气(气体的式量<29),且不与空气反应的气体,如:氢气,气体从短导管进入,空气从长导管排出。

如果气体与空气反应,如一氧化氮,会在空气中与氧气发生反应变成二氧化氮,则不可以使用排空气法收集气体。如果气体的式量是28或30,也不可以使用排空气法,比如氮气和一氧化碳的式量是28,一氧化氮的式量是30,则只能用排水法收集气体。

2. 排水法收集气体(选A装置)

在瓶中盛满水,气体从短导管进入,因气体的密度小于水,会先聚集在集气瓶内部上方,随着气体的不断注入,瓶内压强增大,水就从长导管流出。一般会从导管后连接量筒接水,这样就可以定量测定收集气体的体积。对于二氧化碳气体而言,会和水反应生成碳酸,且1体积水可以溶解0.88体积二氧化碳,一般不用排水法收集,此时就用可以在瓶中装满其他液体(如油)或者可以隔绝水与气体的液体。

3. 洗气/除杂质(选 A 装置)

集气瓶内装有吸收杂质的液体,长进短出。如除去一氧化碳中混有的二氧化碳和水蒸气,应先通过氢氧化钠溶液,再通过浓硫酸,混合气体长进短出。

4. 检验气体的成分(选 A 装置)

集气瓶内装有验气所需的试剂,通过现象来证明。气体流向是长进短出。如检验一氧化碳中是否混有二氧化碳,应通过澄清石灰水,观察有无白色沉淀生成。

5. 吸收二氧化碳并收集一氧化碳(选 B 装置)

吸收二氧化碳,可以使用氢氧化钠溶液,因一氧化碳的式量为28,且有毒,故只能使用排水法收集,该实验装置内要装满氢氧化钠溶液,并在装置后放置大烧杯,接排出的液体。

6. 安全瓶(选 C 装置)

对于有些易溶于水的气体,如氯化氢、氨气,在收集装置和尾气处理装置之间增加一个此装置,可有效地防止倒吸现象。对于有些需要加热而生成的气体,为避免加热不均造成倒吸,也常在发生装置和除杂装置(或干燥装置)之间连接此装置,以防止由于加热不均而水倒吸,发生装置炸裂。

7. 医院输氧(选 A 装置)

在医院给病人输氧气时,利用类似装置,并在装置中盛放大约半瓶蒸馏水。短管导管连接病人吸氧导气管,长管连接供氧钢瓶,该装置可用来观察输出氧气的速度,也可用来观察是否有氧气输出。

学会了,练一练

化学科技小组的同学在实验室中,用图 3 所示的装置进行实验(图中固定试管的仪器已略去),充分反应后,停止加热并冷却到室温。

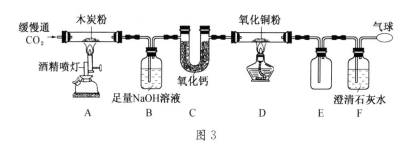

图 3

(1) 写出两个硬质玻璃管、U 型管中发生反应的化学方程式

＿＿＿＿＿＿＿、＿＿＿＿＿＿＿、＿＿＿＿＿＿＿。

(2) 上述实验通过＿＿＿＿＿＿现象可以判断木炭粉与二氧化碳发生了化学反应。

(3) B 装置的作用是＿＿＿＿＿,E 装置的作用是＿＿＿＿＿;加气球的目的是＿＿＿＿＿＿＿＿＿。

(4) 该实验的主要目的是＿＿＿＿＿＿＿＿＿。

练一练答案:

(1) $CO_2 + C \xrightarrow{\text{高温}} 2CO$, $CaO + H_2O = Ca(OH)_2$, $CuO + CO \xrightarrow{\triangle} Cu + CO_2$;

(2) D 装置中黑色氧化铜变红(或 F 装置中澄清石灰水变浑浊);

(3) 除去二氧化碳,防止反应后冷却到室温时、C 装置的溶液倒

流进硬质大试管中,收集生成的 CO、防止有毒的 CO 污染环境;

(4) 探究(或研究)碳单质及其氧化物的化学性质

庄　璟

实验先与后

《礼记·大学》中说:"物有本末,事有终始,知所先后,则近道矣。"意思是说世界上的很多事物都有它的实质与规律,事情有开端和结尾,我们在处理的时候,应该知道孰先孰后,加以区别对待。这样的话,就离揭开事物的真相不远了。实验是学习化学知识的重要步骤,我们在完成化学实验的过程中,既要确保实验成功,又要确保实验人员的安全,理应掌握实验过程中的"孰先孰后"。

一、化学实验基本操作中的"先"与"后"

1. 加热试管时,先进行预热,然后对药品部位固定加热。目的是为了使试管受热均匀,防止骤冷骤热而导致试管破裂。

2. 加热玻璃容器时,先把外壁擦干,后加热,目的是为了防止容器破裂。

3. 向仪器中添加药品用于观察反应时,一般先加固体,后加液体。

4. 使用试纸检验溶液酸碱性强弱时,先把 pH 试纸放在表面皿上,后用玻璃棒蘸取待测试液滴在 pH 试纸中部,对比色卡读数和示数。

5. 制取气体时,先检查装置的气密性,后装入药品。目的是防止装置漏气,使收集气体的量减少。

6. 排水法收集气体时,先排尽发生装置中的空气,待气泡连续、均匀冒出时再收集。目的是为了收集较纯净的气体。

7. 用排水法收集满气体后,先把导管移出水面,后熄灭酒精灯。目的是为了防止水倒流引起试管破裂。

8. 点燃可燃性气体(H_2、CO、CH_4 等)前,先检验其纯度,后点燃,目的是防止可燃性气体不纯发生爆炸。

9. 氢气或一氧化碳还原氧化铜实验中,先通气(H_2 或 CO)后加热,实验完毕时,先熄灭酒精灯,然后继续通气体至试管冷却,再停止通气体。

10. 稀释浓硫酸时,先把水倒入容器中,后把浓硫酸沿器壁慢慢注入水中,并不断搅拌。因浓硫酸的密度是 1.84 g/ml,密度比水大,溶于水会放出大量的热,若顺序颠倒,会导致水沸腾,硫酸溶液飞溅产生危险。

二、物质检验和除杂实验中的"先"与"后"

例题1:有一种混合气体可能含有 H_2、CO、CO_2 中的一种或几种,现将混合气体依次通过图1中盛有足量试剂的装置,确定其组成。(其中浓硫酸有吸水作用)

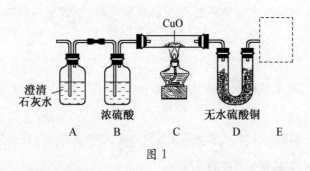

图 1

(1) 图 1 中能测出的气体是_____,C 中可能反应的化学方程式为_____。

(2) 若要测定所有气体是否存在,还要在 E 处添加_____
_____装置,它的作用是_____。

解析:二氧化碳可使澄清石灰水变浑浊,可以用于检验二氧化碳的存在。白色无水硫酸铜粉末遇水变蓝,可以检验水的存在,从而证明氢气的存在,因此可以检验氢气和二氧化碳是否存在,氢气还原氧化铜反应生成铜和水。

若要测定所有的气体是否存在,还应在 E 处添加一个盛放澄清石灰水的装置,用于检验是否有二氧化碳生成,从而证明一氧化碳的存在。另外,一氧化碳是有毒的气体,要进行尾气处理,故答案为:装有澄清石灰水的装置和尾气处理;检验 CO 并进行尾气处理。

小结:混合气体中有水蒸气、二氧化碳、氢气和一氧化碳,先用无水硫酸铜检验水,再用澄清石灰水检验二氧化碳,并用氢氧化钠溶液吸收二氧化碳,此时会有水蒸气带出,对氢气的检验产生干扰,所以需要用干燥剂,如浓硫酸除去水蒸气。再通过灼热的氧化铜装置、无水硫酸铜、澄清石灰水依次检验氢气和一氧化碳,最后还要处理尾气。

例题2:有一包白色固体,可能含有碳酸钠、硫酸铜、硫酸钠、氯化钠等物质中的一种或几种。某化学兴趣小组为探究其成分做了如下表实验:

实验步骤		实验现象	分析与结论(或化学方程式)
1. 取该固体样品溶于水		澄清无色溶液	一定不含有 _____
2. 从步骤1中,取澄清无色溶液	向其中滴入氯化钡溶液	产生白色沉淀	固体中一定含有 _____
	再加入足量的稀硝酸	沉淀部分消失	
3. 从步骤1中,取澄清无色溶液	向溶液中加入足量的硝酸钡溶液	产生白色沉淀	向溶液中滴加足量的硝酸钡溶液的作用是 _____
	过滤,在滤液中滴加硝酸银溶液	有白色沉淀产生	写出滤液中滴加硝酸银溶液反应的化学方程式 _____

实验步骤3的目的是 _____

_____ 。

解析:根据题意可知含 Cu^{2+} 的溶液为蓝色。取该固体样品溶于水,得到澄清无色溶液,说明固体中无 $CuSO_4$。$BaCl_2 + Na_2CO_3 =\!=\!= BaCO_3\downarrow + 2NaCl$,$BaCl_2 + Na_2SO_4 =\!=\!= BaSO_4\downarrow + 2NaCl$,$BaCO_3$ 能溶于稀硝酸,而 $BaSO_4$ 不溶于稀硝酸,取溶解于水后得到的澄清无色溶液,向其中滴入氯化钡溶液,产生白色沉淀,再加入足量稀硝酸,沉淀部分消失,说明白色沉淀既有 $BaCO_3$ 又有 $BaSO_4$,则原固体中含有 Na_2CO_3 和 Na_2SO_4。向溶液中滴加足量硝酸钡溶液的作用是将 Na_2CO_3 和 Na_2SO_4 除尽,防止对 NaCl 的检验造成干扰。氯化钠溶液、硝酸银溶液反应的化学方程式 $AgNO_3 + NaCl =\!=\!= AgCl\downarrow + NaNO_3$,该实验步骤3的目的是检验原白色固体中是否含有 NaCl。

小结:某混合溶液中可能有氯化钠、硫酸钠、碳酸钠溶液。检验顺序为先碳酸根,再硫酸根,最后是盐酸根,且检验碳酸根用的是足量的稀硝酸,这样才能除尽碳酸根,并将其转化为硝酸钠,不会对硫酸根和盐酸根产生影响。在检验硫酸根时,应该使用足量的硝酸钡溶液,这样操作的目的是检验并除尽硫酸根,防止对盐酸根检验的干扰。

学会了,练一练

1. 下列实验操作"先"与"后"的设计中,正确的是( )。

A. 制备气体前,先往装置中装入药品,后检查装置的气密性

B. 做一氧化碳还原氧化铁的实验时,先加热,后通一氧化碳

C. 测定溶液的酸碱度时,先将 pH 试纸用水润湿,后沾上被测溶液

D. 稀释浓硫酸时,先往烧杯中装水,后慢慢倒入浓硫酸

2. 通过海水晾晒可得粗盐,粗盐除 NaCl 外,还含有 $MgCl_2$、$CaCl_2$、Na_2SO_4 以及泥沙等杂质。以下是制备精盐的实验方案,操作流程如下:

粗盐 —溶解①→ $BaCl_2$ 过量② —NaOH 过量③→ Na_2CO_3 过量④ —过滤⑤→ 沉淀 / 滤液 —HCl⑥→ 蒸发、结晶、烘干⑦ → 精盐

(1) 在第①步粗盐溶解操作中要用玻璃棒搅拌,作用是_____。

(2) 第②步操作的目的是除去粗盐中的_____(填化学式,下同),第⑥步操作的目的是除去滤液中的_____。

(3) 第⑤步"过滤"操作中得到沉淀的成分有泥沙、$BaSO_4$、$Mg(OH)_2$、_____(填化学式)。

(4) 在第③步操作中,选择除杂的试剂不能用 KOH 代替 NaOH,理由是_____。

（5）上述流程中，氯化钡和碳酸钠溶液的添加顺序是否可以颠倒_____，理由是_____。

练一练答案：

1. D；2.（1）加快溶解速度；（2）Na_2SO_4；$NaOH$ 和 Na_2CO_3；（3）$CaCO_3$ 和 $BaCO_3$；（4）生成了新的杂质氯化钾；（5）不可以；由于加入的试剂是过量的，若将碳酸钠溶液放在氯化钡溶液之前，则无法除去过量的钡离子

庄　璟

妙解推断题

化学推断题具有覆盖知识面广、灵活多变、综合性强等特点。化学物质推断的原理,是根据已知实验及其现象,运用物质的特性进行分析,通过推理,以确定被检验样品是什么物质,或样品中含有什么物质、不含什么物质、可能含有什么物质等。

解答推断题的突破口,即分析出有关的特殊物质、特殊现象和特殊反应以及有关物质之间的内在联系。如物质的颜色、状态、溶解性、溶液是无色的还是有色的、气体气味或颜色等,还有一些是反应的现象,如有白色沉淀生成、白色沉淀不溶于稀硝酸、部分溶于稀硝酸或全部溶解,等等。

例题1:已知 A 是一种碱溶液,B 是一种盐溶液,如图 1 所示:

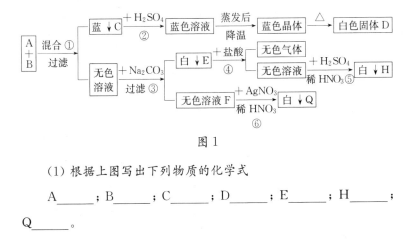

图 1

(1) 根据上图写出下列物质的化学式

A_____;B_____;C_____;D_____;E_____;H_____;

Q_____。

（2）写出①—⑥的化学方程式。

分析推断：

A＋B ——→ C（蓝色沉淀）＋无色溶液，推出 C—Cu（OH）$_2$，D—CuSO$_4$

无色溶液＋Na$_2$CO$_3$ ——→ E（白色沉淀）＋F 无色溶液，推出 E—BaCO$_3$ 或 CaCO$_3$

由 E＋盐酸 ——→ 无色气体＋无色溶液（＋硫酸），推出 E—BaCO$_3$，H—BaSO$_4$

F 无色溶液＋AgNO$_3$（HNO$_3$）——→ Q（白色沉淀），推出 F—NaCl，Q—AgCl

由 A＋B ——→ Cu（OH）$_2$＋BaCl$_2$，推出 A—Ba（OH）$_2$，B—CuCl$_2$

解推断题时要对所给信息进行筛选，并非见到某现象就能直接准确地判断出物质成分，而是要通过它们之间的联系及现象，寻找最为明显的、最易判断的信息，即解题的关键点，再以此为突破口，由此及彼，逐一分析推理。

解题的关键就是找准突破口，它可能是物质的一个特性，也可能是一个特征性的实验现象等，找突破口需要对化学知识有较深刻的理解和准确的记忆，要靠平时学习时的细心积累。

根据物质的性质和发生反应（包括实验内容、条件、现象等）的特征，通过推理确定未知物的成分。推断一般思路如图 2 所示：

图 2

例题2:某物质中可能含有碳酸钙、炭粉、氧化铜、氧化铁中的一种或几种。现进行如下实验:

(1)取样,加热至高温,产生一种气体,能使澄清石灰水变浑浊。

(2)把足量稀盐酸滴入冷却后的固体残渣中,残存固体全部溶解,同时产生一种可燃气体,所发生的反应都是初中化学中已学习过的。由此推断:

A.该物质中一定不含_____。

B.读物质中一定含有_____。

实验(1)中肯定发生的化学反应是_____(写化学方程式)。

C.该物质中可能含有_____,为确证它的存在,可采用的方法是_____。

该方法所依据的化学原理是_____(写化学方程式)。

分析推断:

取样品,加热至高温,产生一种能使澄清石灰水变浑浊的无色气体,即二氧化碳,推断原物质可以是碳和氧化铁或是碳和氧化铜的混合物,还可以含有碳酸钙。

往冷却后的固体残渣中加入足量的稀盐酸,固体残渣全部溶解,则一定不会有金属铜,推断样品一定不含 CuO;同时产生一种可燃性气体氢气,则固体残渣中一定存在金属铁,推断样品一定含有炭粉、氧化铁。

妙解推断题的基本思路是:仔细审题,寻找突破,要在读题的过程中找出明显条件,挖掘隐含条件,寻找解题的突破口;抓住特征物质,从突破口入手将明显条件与隐含条件相结合,运用合理的方法,从特征物质的来历去推出基础物质;有的反应条件与反应比较特殊,可抓住特殊条件与反应,推出这些物质;验证答案,要求将推出的结果代入题中逐步检验。

解推断题的常用方法有:顺推法,通常以题首为突破口,按照物质的性质,以及物质间的相互反应为依托,顺藤摸瓜,直至顺利解题。逆推法,通常以题目所给的结论或实验现象为突破口,从题尾入手依次向前逆推,最终得出答案。

学会了,练一练

如图 3 所示,A、B、C 和 D 是初中化学常见的物质,其中 A 为固体单质,B、C 为氧化物,且 B 为有毒气体,D 是碳酸。它们之间的部分转化关系如图 3 所示(反应条件及部分反应物、生成物已省略)。

(1) 由物质 A 转化为物质 B 的化学方程式为＿＿＿＿＿＿＿＿。

(2) 物质 C 中混有少量物质 B 时,可将混合物通入＿＿＿＿＿除去物质 B。

(3) 写出物质 C 与固体过氧化钠(Na_2O_2)反应生成碳酸钠和氧气的化学方程式＿＿＿＿＿＿＿＿。由此,你认为过氧化钠可用于＿＿＿＿＿＿＿＿。

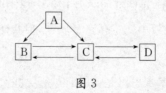

图 3

练一练答案：

（1）$2C + O_2 \xrightarrow{\triangle} 2CO$；

（2）灼热的氧化铜；

（3）$2CO_2 + 2Na_2O_2 == 2Na_2CO_3 + O_2$，潜艇中的供氧剂

姚秋平

巧解流程图

　　许多同学说化学流程图题目耗时费力,题目分值较大,一旦一个空推不出来,所包含的小问题也就答不出来。有没有好的方法来应对呢? 老师教你几招巧解的方法。

　　我们先来揭开流程图题目的神秘面纱,这类题目常常以"化学生产工艺"或"实验操作流程"为情境,以元素化合物知识为框架,要求同学们将文字表述、框图描述的新信息进行整合与分析,准确地提炼出实质性的内容,逐步学会用化学视角分析和解决实际问题。

　　由于流程题为考查化学核心知识提供了广阔的情景空间,能有效地考查学生的阅读能力、资料处理能力和迁移推理能力,因此成为近年来各地中考化学试题的主流题型。我们结合一道考题进行解析。

　　例题1:氯化钡是一种可溶性重金属盐,可用作软水剂、分析试剂,也可在机械加工中作热处理剂,在化工领域有着广泛的应用。用毒重石(主要成分为 $BaCO_3$)制备氯化钡晶体,工艺流程如图1所示:

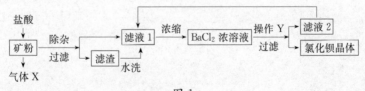

图1

　　(1)毒重石要进行粉碎的目的是_____。气体

X的化学式为_____。若所得滤液1仍浑浊,则应采取的操作是

_____。

(2)操作Y的名称是_____。滤液2中可循环利用的物质除水以外还有_____。洗涤氯化钡晶体最适宜的洗涤剂是____(填字母)。

A. 30 ℃水

B. 30 ℃饱和氯化钠溶液

C. 30 ℃饱和氯化钡溶液

(3)滤渣水洗的目的是_____和_____。

首先,我们来分析这道流程图题目的题干,找出实验目的:用毒重石制备氯化钡晶体。在第一个框中,盐酸加入矿粉中,发生的化学反应为 $BaCO_3 + 2HCl == BaCl_2 + H_2O + CO_2 \uparrow$,所以气体 X 为 CO_2,滤液 1 是氯化钡溶液,氯化钡属重金属盐对生产和生活不利,水洗滤渣既可提高原料的利用又可减少污染。将氯化钡溶液加热蒸发浓缩,得到浓度较大、温度较高的 $BaCl_2$ 溶液,此时通过降温结晶,可以析出氯化钡晶体,得到的滤液 2 也是氯化钡溶液,还是该温度下的饱和溶液,合并入滤液 1 中,继续蒸发浓缩,再降温结晶……因此,正确答案为:

(1)增大毒重石矿粉与盐酸的接触面积、使反应更加充分,CO_2,再次过滤。

(2)降温结晶,氯化钡,C。

(3)减少可溶性重金属钡盐对环境的污染,提高原料的利用率/提高产率。

方法归纳:要想巧解流程图,关键是掌握反应原理和实验目的。

第一招:找出实验目的。一般都在题干中就能找到,是为了制备物质还是净化除杂。

第二招:写出流程图中的有关反应原理,即化学方程式。

第三招:圈画过量、足量等关键词。从生成的物质、过量的物质、未反应的物质三个角度推断物质。这样做的好处是既不遗漏,也不重复。

第四招:找突破口。一般的突破口就是一些元素或者化合物的特性,如回收含铜废液常常会用到金属铁,而分离铁和铜的混合金属会用到稀硫酸等。

学会了,练一练

1. 某化工厂为了综合利用生产过程中的副产品 $CaSO_4$,与相邻的化肥厂联合设计了以下制备 $(NH_4)_2SO_4$ 的工艺流程。在图 2 所示的流程中,沉淀池里物质反应的主要反应为 $CO_2 + 2NH_3 + CaSO_4 + H_2O \!=\!=\!= CaCO_3 \downarrow + (NH_4)_2SO_4$

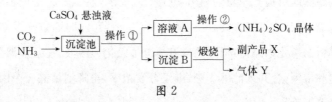

图 2

(1) 沉淀 B 高温煅烧反应的化学方程式_____,反应的基本类型:_____,该工艺中可循环使用的物质为_____(填化学式)。

(2) 操作①的名称是_____,实验室中进行此操作时,用到的玻璃仪器除玻璃棒、烧杯外,还需_____。操作②的过程是加热浓缩、冷却、结晶,获得 $(NH_4)_2SO_4$ 晶体,属于_____(填"氮肥""磷肥"或"钾肥")。

(3) 从绿色化学和资源综合利用的角度说明上述流程的主要优点是_____。

2. 实验室废液中含有硝酸银、硝酸铜,实验小组利用稀硝酸和铁粉分离回收银和铜,设计方案如下。先在废液中加入过量的铁粉,充分反应后过滤得到滤渣 A,其成分为银、铜和铁,再对滤渣 A 按如图3所示流程图处理。

图 3

(1) 先在废液中加入过量的铁粉,过量的目的是_____。

(2) 写出 CuO 与 H_2SO_4 反应的化学方程式_____。

(3) 滤液 D 中溶质的成分有_____(填化学式)。

(4) 含有硫酸亚铁的滤液有_____(填框图中字母)。

练一练答案:

1. (1) $CaCO_3 \xrightarrow{\text{高温}} CaO + CO_2\uparrow$,分解反应,$CO_2$;(2) 过滤,漏斗,氮肥;(3) 产生的 CO_2 循环使用,得到的产品和副产品都是有用的物质,无废物产生;

2. (1) 使反应充分进行;(2) $CuO + H_2SO_4 = CuSO_4 + H_2O$;(3) $CuSO_4$、H_2SO_4;(4) C、E

庄　璟

有效备考试

对学习处于不同状态的同学，考前应该有不同的备考策略。

对学习成绩优秀的学生

优秀学生备考的主要目的是以防万一，他们是"钢丝上的舞者"，强于竞争不得有半点的闪失。每年中考录取时会出现比较语文、数学、英语总分或者比单科成绩的情况，半分都不能差。所以一定要稳中求胜，保持稳定的心态，稳扎稳打地发挥自己的水平。能够保持和发挥平时真实水平就可以了，优秀的学生需要自我调节，特别是对情绪控制，努力做到"你难我难我不畏难，你易我易我不大意"，保持一定的热身训练。备考的时候，把自己平时易错的题目拿出来分析错误的原因，把综合性较高的实验题、表述题再过一遍，参照历年考题和评分标准预测一下今年的考试趋势，要相信自己的实力。

对学习成绩一般的学生

他们要成为赶考大军中的强者，在最后的复习阶段，重要的是查漏补缺，将不该失去的分找回来，扎实有效地提高考试成绩。我认为中考等学生和优秀生相比，差距就在于基础不够扎实、分析能力相比较低，面对新问题往往无从下手，错误的纠正做得还不够，要分析自己每次考试在哪些知识点、哪些考题形式上失分了。分析得越细致，弥补得越充分，提高的分数就越多，复习的效果就越好。有些家长非常重视孩子分数的波动，画了一张多次考试得分的曲线图，发现孩子考试发挥不稳定，成绩常常是一次高一次低，分析得分高低起伏的规律，最后得出结论：学生的中考成绩可能会不太好。这样武断的分析是不合理的，对学生的应考情绪会产生消极的影响。所以，模拟考分数有波动，家长和学生不必过于紧张，应该发现问题的原因和考试暴露的问题，并尽快弥补不足，真正体验模拟考试查漏补缺的价值和功能。模拟考试为了训练考生应对考试的经验，使他们能在有限的时间内完成题目，学校常常会让不同学校教师出题作为模拟考试卷，目的是为了提高学生的能力。所以面对模拟考，学生和家长不要只关心分数的变化，而应该看到扎实训练后孩子信心的提升。

对学习困难的学生

学习困难的学生，要么是学习态度有问题，要么是记忆力不好，或分析解决问题有障碍。同学们要成为"背水一战"的勇者，一定要有信心面对，不抛弃、不放弃，以顽强的勇气坚持到最后一刻，把两册教材里最基础的知识过几遍，增加记忆的频度。对于抽象概念理解有障碍的，可以增加具体实例的记忆。要坚信化学试卷中有80%以上的基础题目。比如选择题的前16题，常常出现的是元素符号、化学式和化学方程式判断正误、物质的分类、变化和性质用途、基本实验操作、溶液和浊液的判断等。填空题中常常有物质的用途、水的净化、物质的量的计算、溶解度题目中的溶解度数值的意义、饱和溶液和不饱和溶液的转化方法、结晶的方法、溶解度计算和溶质质量分数计算等。简答题中有气体制备、化学方程式计算，等等。通过考前的模拟卷和历年真题训练，有效地备考。

策略有很多，适合的、有针对性的就是好策略。

庄璟

应考调心态

十多年来观察学生参加中考，发现在中考中超水平发挥的同学不多，而发挥失常者不少。我遇到过一些同学，在临近中考的模拟考中没有考出自己应有的水平，但经过及时调整，最后取得了成功。所以说，考试就是考心态，此言不虚。

1. 考试的唯一任务就是把会的题目都做对

毕业班学生参加过形形色色的考试，比如月考、期中考试、期末考试、教学质量监控考等。考试经验很丰富的学生，对于考试并不陌生，也没有畏惧，根据上海市中考志愿的填报顺序依次录取，分数考几分，就进相应的学校，和志愿先后没有关系。这就降低了志愿填报的技巧和难度。你没有必要给自己定太高的目标，如果你是一个学霸，凭你的实力，瘦死的骆驼比马大，即使丢了几道小题，也不影响大局，不会从根本上动摇自己的基本目标。很多时候，自己感觉考得不好，但分数还是挺高的，原因是你的水平高，没做出的题目别的同学也没做出来。各类水平的同学只需坚持把自己会做的题目都做对，考试的任务就完成了。

2. 保持平常心

平常心、赛黄金！保持作息与平时一致有利于水平正常发挥。比如中考的考试时间是周六上午 9：00—10：40 考语文，下午 14：00—15：40 考理化合卷，周日上午 9：00—10：45 考英语，下午 14：00—15：40 考数学，中考前最后一个月的作息可以上午安排文科复习，下午安排理科复习,早晨起床和晚上作息可以基本保持固定,三餐营养可口即可,考前和考试期间用餐忌强力滋补,打破平时的稳定常态。平时没有喝浓茶、咖啡习惯的同学,建议备考和考试期间不宜饮用,以免自己的生物钟紊乱。保持一定时间的放松和运动锻炼,多一些积极的心理暗示,不要再突击做过多远超自己能力的题目,此时训练偏、怪、难题,对自己有害无利。

3. 笔不离手、曲不离口

每天必要的热身练习不能少,陆震谷校长在《学习方法决定学习成绩》一书中介绍过,临时抱佛脚不仅科学而且有效,这符合心理学的近因效应。当人们识记一系列知识时,对末尾部分内容记忆效果往往优于中间部分项目的内容。比如基本概念,物质的性质、用途、转化,实验的顺序和注意点等。考前巩固就是为了防止遗忘,将知识结构化、系统化、网络化,起到融会贯通的效果。从调整心态的角度考虑,笔不离手、曲不离口有利于减轻学生的焦虑情绪,与其担心不可控的考试结果,不如立足当下,把基础知识逐一过关。做对基础题之后,也能提升自己应对考试的信心。

做到以上三点,相信你一定会在中考中取得满意的成绩!

庄璟

图书在版编目(CIP)数据

名师点金. 化学可以这样学 / 陆震谷，张鲁川主编；

庄璟，姚秋平，林凤春著. —— 上海 ：上海文化出版社,2020.7（2022.1 重印）

（学习方法决定学习成绩）

ISBN 978-7-5535-2049-0

Ⅰ．①名… Ⅱ．①陆… ②张… ③庄… ④姚… ⑤林… Ⅲ．

①中学化学课－初中－教学参考资料 Ⅳ.①G634

中国版本图书馆CIP数据核字(2020)第120958号

名师点金. 化学可以这样学

陆震谷 张鲁川主编

庄 璟 姚秋平 林凤春著

责任编辑 孟 芳 陶云韫
特邀编辑 李维靖
整体设计 周艳梅
督 印 张 凯

出 版 上海文化出版社
出 品 上海故事会文化传媒有限公司
 （ 201101 上海市闵行区号景路 159 弄 A 座 3 楼 www.storychina.cn ）
发 行 上海文艺出版社发行中心
 （ 上海市闵行区号景路159弄 A 座 2 楼 206室 ）
印 刷 上海万卷印刷股份有限公司
开 本 889×1194 1/32
印 张 7.875
版 次 2020年8月第1版
印 次 2022年1月第3次印刷
书 号 ISBN 978-7-5535-2049-0/G.333
定 价 30.00元

想看更多精彩故事？
扫码下载故事会APP

上海故事会文化传媒有限公司 出品 (00991) www.storychina.cn

上海故事会文化传媒有限公司所有图书可办理邮购,免收邮费(挂号除外)

汇款地址:上海市闵行区号景路 159 弄 A 座 2 楼 206 室 (201101)

收款人:上海故事会文化传媒有限公司出版发行部

联系电话:021-53204159

如发现本书有质量问题,请与印刷厂质量科联系 T:021-56928178